陳嘉堡——著

量子轉念的效應4

穿越前世印記輪迴，
開啟靈魂覺醒新維度。

【推薦序】開啟深層的自我療癒／田定豐（聲波療癒師、國際心理諮詢師）

《量子轉念的效應4》之於讀者，正如生命旅程的一面鏡子和一把開啟靈魂真相的鑰匙。

作者以赤誠坦率的文字，映照出我們內在不願直視的部分，彷彿照見靈魂深處的真相之鏡。書中的觀點與練習，也像一道通往潛意識的門戶，引領我們穿越量子的意識場，與更高維度的智慧相會。而整套量子轉念的方法，正是一把開啟自我轉化之門的鑰匙，幫助我們解開長久束縛的心鎖。

嘉堡老師以自身千迴百轉的生命歷程，為我們指引出一條回歸平安與力量的道路；希望更多人在閱讀本書後，能夠開始一場更深層的自我回溯與療癒。

這本書不會替你解答人生所有難題，但它會給你一雙看見真相的慧眼，就如同人生的導航器，以及一顆相信自己足以轉動命運的心。

願每一位讀到這本書的人，都能勇敢踏上量子轉念之旅，不再只是改變想法，而是實實在在地轉動命運的軌跡，活出本就豐盛自由的自己。

【推薦序】現代醫學與古老智慧的交織／李姿儀醫師（翔禾文龍診所 院長）

身為受過完整醫學訓練的精神科醫師，當我走入能量療癒的領域，才發現過去許多難以解釋、無法療癒的深層情緒困境，根源並不在表面上的「症狀」，而是藏在更深層的「意識頻率」與「潛意識印記」。宇宙的一切運作，本質都是振動，人類的身體、情緒、思想與靈魂，同樣是一場場頻率交織的顯化。

傳統的藥物與心理治療，雖在一定程度上舒緩症狀，卻無法觸及那些反覆出現、似乎命定般的生命課題。我開始尋找不是抽象的宗教信仰，也不是倚賴療癒師的能量輸入，而是一種能引導個案穿越症狀、科學邏輯與靈性智慧兼具，並回到源頭的實踐技術。

「量子轉念引導技術」正是這樣一門技術。它不只是回憶，而是讓人在高度覺知的狀態中，進入自己的潛意識資料庫，重新「經歷」與「解碼」那些被身體、神經系統與細胞所記錄的生命片段。我見證過太多在傳統治療中難以改變的個案，卻因為這次深刻的內在覺醒，看見自己是創造者，進而完成真正的自我療癒與轉化。

作為一名醫師，我願意為這門技術背書，因為它讓我重新定義了「治療」的本質：療癒不是去修補創傷，而是喚醒內在的智慧與創造力，從源頭改寫頻率，進而轉化命運。這是一條結合科學、意識與靈魂的療癒之路，也是現代醫學與古老智慧真正的會合點。

【推薦序】開啟覺醒之路／吳景斌 MIT（心靈圖像解析師、美國 NGH 催眠講師）

認識嘉堡老師多年，我深知他不只是擁有深厚學術基礎而已，更是一位實踐覺醒智慧的引導者。《量子轉念的效應4》不單純是一本文字作品，更是一道通往覺察與轉化的能量之門。貫穿全書的核心觀點——「一切皆為振動」，融合了量子科學與生命本質的深刻洞見。

潛意識的容量與儲存的記憶是無限的，它超越時間與空間的界限。在我多年的催眠實務中，許多個案曾清晰感知來自前世的片段與訊息，這與嘉堡老師書中所揭示的經驗高度契合。這本書之所以珍貴，在於它結合了理論、實務與生命歷練，是「活出來」的智慧。

書中也收錄了大量真實個案，讀者能從中產生深層共鳴，重新看見人生角色只是一段宇宙體驗。當我們提升覺知，便能創造屬於自己的獨特價值與生命路徑。

我誠摯相信，每一位願意打開這本書、與其頻率共振的讀者，都將有機會提升自身的意識維度，進而創造屬於自己的獨特價值。

誠摯推薦這本能啟動覺醒與轉化的作品，願你與此書相遇的那一刻，正是靈魂進化的起點。

【推薦序】一本揭示生命宏偉的智慧之書／許嫚烜（身心靈音樂製作人、聲波療癒師）

閱讀陳嘉堡老師的《量子轉念的效應4》，彷彿置身高速沖刷的瀑布溪流，又如潛入無邊無際的宇宙海洋。人人渴望掌握生命真實的力量，活出快樂與創造性的生活。若你遍尋已久、渴望轉化生命，這本書正是開啟「意識實相」之鑰。

嘉堡老師以高維量子意識的視角，如翱翔天際的鷹之眼，為讀者搭起一座通往生命本質的橋樑，由上而下，從平面展開至立體無限，俯瞰生命宏偉的智慧。

書中層層剖析的案例，讓人縮時穿越古今，體驗多重生命版本，深入揭示輪迴時空中無明模式的卡點，讓人明白「心念威力之點」的影響。

透過「改變現在」轉化未來，重新穿透過往思維的遮蔽，讓我們將覺知帶回當下，成為自己生命的掌舵者。

作為風潮音樂身體工房的音樂總監，我長年致力於聲音療癒與意識轉化的實踐，與全球身心靈導師合作創作無數療癒音樂。聲波穿越語言、觸及本質，正如嘉堡老師文字中流動的光，觸動內在宇宙，喚醒我們本自圓滿的光。

這本書，是動盪時代中的穩定之錨，如中心太陽的光軸，引領我們更新頻率，活出真實與自由。

目次

Part 2

打開潛意識的門：透過量子轉念引導揭示死亡與靈界真相 43

Part 3

穿越多重時空：從量子轉念引導解讀輪迴記憶、今生藍圖與未來軌跡 133

Part 4

關於命運、平行宇宙與生命藍圖的Q&A

緣起

二〇〇三年是我今生最關鍵的分水嶺，這一年我可以說是像靈魂轉世般重獲新生，和前半生的生命模式是兩種完全不同的存在狀態。準確來說，那年我剛好過完 34 歲生日，命運軌跡等於確定了正式的轉向。

從三月到六月間，我接連遇到了巨大挑戰：母親因癌末病逝，我未能履行承諾，陪伴她走完最後一程，因而深陷自責之中；緊接著，我經營了近八年、投注無數心血的零售批發事業，在我守喪期間，突然收到公司總部宣布申請歇業的通知，我不僅失去了維生的收入來源，還沒回本的百萬台幣投資也瞬間化為債務。這項事業，不但是我未能陪伴亡母走完最後一程的自責主因之一外，更成為我背負龐大債務的來源，成了我無法讓亡母安心離世的自責主因之二。

然而，屋漏偏逢連夜雨，船遲又遇打頭風。母親生前曾親眼見證我步入婚姻，備感欣慰。沒想到在她離世不到半年後，這段婚姻在前妻堅決離婚的協議下草草收場，雖然是和平離婚，但這件事也成了我對亡母感到愧疚自責的主因之三。

這三波人生重創，一次到位，讓我不得不開始懷疑人生：「人究竟為何而活？活著的意義是什麼？」在求生意志的驅動下，我本能地開始尋求自救的方法。

起初，我選擇了社會普遍認可的協助方式——就醫。我原以為可以獲得人生重創的解答及解方，為我指出一條走出命運幽谷的明路，沒想到卻事與願違。精神科醫師與心理師輪番為我診斷、評估、開藥，在這繁複的過程中，我所獲得的，只有「重度憂鬱症」與「中度情緒焦慮」兩個沉重的標籤而已。

等待每週一次的門診，漫長得像永無止境的黑暗，加上每日服下一堆抗憂鬱藥物，讓我整日昏沉、呆滯，既沒有獲得任何關於如何面對這場人生災難的答案，也沒能學會如何避免未來類似的風暴再次來襲。每天看著自己因藥物副作用而無法工作賺錢，扭轉債務困境，讓我活著就像一具靈魂麻痺的喪屍——這種日子已經令我開始生無可戀。

懷抱著僅存的希望，我坐在電腦前，開始搜尋是否還有其他能拯救自己的方法，不過當時的網路資訊遠不如今日豐富，能搜尋到的內容既零散又難以辨別真偽，無論是紫微斗數、手相、面相、八字、占卜、祭改、甚至茅山術……凡是能找到的，我幾乎都嘗試過，這些過程帶給我的，除了耗費大量金錢與舟車勞頓的辛苦，更多的是那些令我費解的回應。

有的老師說：「從你的面相來看，根本不該發生你說的這些事啊！」也有老師說：「從命盤看今年流年，雖然會有一些關卡，但並不會有你說得這麼嚴重，往後會越來越好的。」

面對這些答案，我當下內心想的是：「什麼叫不應該遇到？可是我就是親身經歷了啊！」「你說往後會越來越好？當下這筆天大的債務困境，我連出路在哪都不知道，怎麼走得到那個『越來越好的未來』？」

這些空泛模糊的回應，就像是打高空一樣，對當時陷入生命急迫困局的我來說，沒有任何絲毫的幫助。直到某日，在一個沒有預警的情況下，我接觸到了關於回溯前世今生的心靈療法，並親身預約一對一的心靈回溯療癒課程。這次經驗成了我人生的分水嶺，我確信了自己這一生所要走的路：幫助自己與他人走出「靈魂黑洞」，透過覺醒意識達成身心靈的整合與重生。

於是，我開始投入心靈回溯的專業訓練，在一對一的實作中累積經驗，通過考核取得師資，並開始接受個案預約與課程教學。與此同時，我也不曾停止學習閱讀其他相關領域的知識：新時代思想、靈界通訊、潛意識探索、通靈法、第三眼啟動、高我與外星存有的訊息接收、能量療癒、頌缽、禪修、正念呼吸、牌卡、水晶療法、靈修、奇蹟課程、天使數字、生命靈數、前世回溯、吸引力法則，甚至佛洛伊德的精神分析學說與榮格心理學、家族系統排列、催眠、超心理學、阿卡西紀錄、唯識哲學……等等。

除了確定心靈意識層面是現實生活及一生主宰的共同點外，我也想要弄清楚：這麼多不同的說法，到底有沒有一個「總體大法則」可以將這些不同卻又衝突的論點整合於一？而且還可以幫助零基礎學習者跨越派別，快速切入理解核心、縮短學習的彎路，並避免陷入各學派間的門戶之別與執著。

一路上，我遇到無數像我當年一樣困惑的人，他們會問我許多問題，比如：

・「要看自己的本命，到底該用生命靈數、命盤，還是八字才準確？」
・「阿卡西紀錄跟潛意識是一樣的嗎？」
・「無意識是潛意識嗎？」
・「嬰靈真的存在嗎？會報復拿掉他的父母嗎？」
・「意識是靈魂嗎？」
・「能通靈替觀音菩薩、女神、揚昇大師、高靈傳訊的人，是不是代表他們已經淨化了所有業力才有資格擔任？」
・「所謂的高靈傳訊，跟民俗的起乩是同一回事嗎？」
・「眼耳鼻舌身意的『意』，是意識還是心？」
・「到底是改能量、改磁場、改心念、做祭改、調元辰宮，或給潛意識植入心錨才能改運？」

這些問題，也是我自己走在靈性意識覺醒之路時，曾經歷過的疑問。隨著我累積超過百位一對一回溯實作個案，我逐漸從個案的潛意識訊息與人生轉化歷程中，找到越來越清晰的「答案」。我開始將這些來自不同轉化歷程中萃取出的「洞見」，回導於每一次的回溯引導實作中。我發現，真正產生改變的關鍵，不在於信哪一套理論、用哪一種工具，而是當事人是否真正從潛意識中產生「意識的覺醒與轉念」，而這股轉念的力量，才是所有改運、療癒、提升的根源核心，也是靈性真正落地的起點。

不過，這項發現，也為我開啟了靈性意識覺醒之路上的第二次分水嶺。這並非放棄我所深信的靈性意識覺醒之路，而是一場在這條實修大道上，將我從靈性歧路中關鍵校正，重新推回我最初發願之正道的契機。

雖然這場轉折，在當時表面看來是一場突如其來的災難，卻也因禍得福，讓我遇見了來自高維的靈性導師——布達賀。在與祂多次心靈對話中，祂說了一句深深震醒我心的話：「只有自己內心清楚了，才能走出靈修的偏差行徑。」

這句話喚回了我靈魂最初選擇這條道路的初心，讓我有勇氣與堅定的心志，放棄掉表面看似成功、實已與我內在靈性覺醒道路的呼喚背道而馳的成就——包括當時所屬體系中所擁有的身分光環，以及還算豐厚穩定的收入。

這一切，都是為了能夠讓自己鳳凰涅槃，向死而新生啊！因為，我深知：「不破不立，破而後立。唯有徹底瓦解舊有的自我，才能讓自己鳳凰涅槃，向死而新生。」

接下來的數月時間裡，我時常與布達賀展開深層的內在對話。在這些看似單純的心靈交談中，有許多訊息不斷啟發我突破彷彿結界般的認知框架，讓我拉高了意識的理解維度，像是被領航一樣，生活中不斷出現一連串關於許多西方物理學家、生物學家、醫生等專家，提出量子力學與意識關聯的實驗成果影片、報導、書籍等訊息，一一浮現在我的眼前，像是在召喚我去閱讀與深思。

直到某一刻，我靈光乍現：我一直以來所尋找的那個「可以容納所有靈性觀點衝突與矛盾的總體大法則」，不就是「量子力學觀點」嗎？

量子力學已經陸續發表了許多研究成果，包括可以「回到過去」及「前進未來」，甚至可以改變的「平行世界」、「靈魂與死後世界可能存在」、「轉世投胎與輪迴」、「前世與來世」等領域。我逐漸發現，量子力學觀點，正是我長久以來尋找的關鍵拼圖，它是將「可見世界」與「不可見世界」整合於一體的橋樑。

在這新視角的啟發下，我開始重新審視歷年來所累積的個案回溯記錄，將每次獲得的領悟，以及從個案人生的改變中觀察出的真正「答案」，逐一導入後續的每一場個案引導當中。這印證了「潛意識深處的意識覺醒轉念」對個案本身的命運軌道轉向，有著極其巨大的影響力。

我逐漸把這些洞見系統化，在二〇一三年七月創立了「量子轉念引導技術系統」。我把它編寫成課程教材，開始開班教授，教導有志學習這門技術的學員，如何正確、標準地運用這門技術，深入引導他人探索潛意識中根深蒂固的「印記投影模式」，並協助個案解開印記造成命運輪迴的束縛，穿越苦難，突破宿命，打開高維意識，重返覺醒人生。

在這套系統中，並沒有一味否定靈魂、靈界、前世今生輪迴的存在現象，或將其視為禁忌詞。正因為當今這些議題資訊量極度龐大、破碎且零散，若沒有花時間有系統地深入聚焦與釐清，極易誤解為民間常見的催眠、觀落陰、超度、術法或某種玄秘功法等，導致觀念混淆。

我始終強調：「量子轉念引導技術系統」的核心目的，永遠是針對潛意識裡「印記投影模式」

的解除與核心信念的轉變。因為當這些潛意識的「印記投影模式」被開啟時，會與當下的人生處境形成一個自動運作的「迴路」，並在未被解除的情況下無限循環。這樣的印記模式一旦在當世無法解脫，便會備份至潛意識記憶體中跟隨投胎到下一世，在相似場景下被啟動，導致歷史重演。

此外，「潛意識印記投影模式」還會使自己的意識頻率自動與靈界中同頻率相近的靈魂意識配對、連線，進而透過以「視覺化方式投影顯像」在潛意識或半夢半醒狀態，使自己「看見祂」。

因此，本書雖然在章節與案例內容中，看似討論著各類靈魂、前世及未來現象，但其實是以最前沿的量子力學觀點的「新論證」作為支撐基礎，結合我在多年量子轉念引導技術實作中的真實觀察與個案歷程，去揭開那些看似奇幻、不可思議、充滿矛盾卻又真實發生在潛意識事件背後的機制與本質。

你或許會問：「『量子力學』聽起來這麼艱深難懂，會不會看不懂？」

別擔心。就如同你未必需要了解智慧型手機內部所有電路與系統原理，依然可以流暢使用它、享受它帶來的便利；在本書中，你不需具備科學背景，只需要打開心與意識的接收器，我會引導你掌握幾個關鍵的量子觀點——就像無形的電波——再透過具體的個案例子，讓你能夠視覺化地理解它的運作邏輯與生命意義。

註：為保護個案的隱私，本書所引用的案例內容已經過匿名與調整，並保留其核心歷程與情感真實性。

Part 1 意識覺醒與量子觀點：

從科學維度探索靈魂存在

在我初入身心靈領域的頭十年，我對一切有關靈性覺醒、靈界、通靈、靈療、法術、天使數字、佛經與佛學、各類新時代經典——包括賽斯系列書籍、與神對話、歐林傳導系列書籍、露易絲・賀的著作、荷歐波諾波諾（零極限）、奇蹟課程、天使訊息、頌缽療癒、咒語等——都充滿著如飢似渴的好奇與渴望。我幾乎想在最短時間內全部吸收，光是從書店買來閱讀的書籍就已堆疊超過三百本。

除了學習，我也不斷實作。我接了一對一的心靈回溯療癒的個案預約，以十小時為一單位，累積了近百位個案經驗，總時數逾千小時。期間，我也會數次付費請專業的心靈回溯療癒師為我進行心靈回溯。我逐漸看到心靈回溯對情緒與心靈層面的確有真實成效，但是當這些療癒後的個案再次回到生活中，卻經常出現幾個令人費解的問題——包括我自己也一樣：

為何那些早已被療癒的問題，仍然會以不同面貌回到生活？

我曾試圖想從各種書籍與課程中找到答案，卻遲遲無法獲得流暢無礙的說明。這也讓我在面對這些現象時，常常陷入「這樣到底對不對？」的雜念中，失去了心念集中的力量與創造的信心。我深知，根據「吸引力法則」或「意識創造現實」的論述，如果心念參雜雜質，就會軟弱無力，難以在現實世界中「創造」及「顯化」。這已在我個人生命經驗及許多個案回饋中獲得反覆的驗證。

直到我接觸量子力學，開始閱讀與觀看關於「量子力學與意識、靈魂、時空」關聯的研究報導與科學影片時，我突然明白：我一直想找的那塊遺失的拼圖，正藏在量子觀點裡。

當我逐步理解、消化並整合這些理論後，再將這些觀點回頭應用在一對一個案的潛意識回溯實作中，我驚訝地發現：幾乎所有人生中的難題，從來不是表面那些令人困擾的人事物，而是潛意識中被「三大負面印記」所投影出的「相」，讓人不自覺地誤認「這就是問題的本質」。

比方說，一段令你感到創傷與痛苦的婚姻，不一定百分之百全是對方獨立造成的問題，而可能是自己過去曾在某段關係中，被自己無意識植入的印記，在未經覺察的情況下，再次上演投影，影響自己的思、言、行，並與伴侶產生交互作用後的結果。這讓人誤以為，只要療癒了這段婚姻的創傷，就能重獲新生。

然而這正是我所洞察到的關鍵差異：**心靈與肉體不同**。肉體是有形、有尺寸、有邊界的，破損了自然需要修復；但心靈是無形體，沒有尺寸、沒有邊界，其「創傷」並非產生在事件本身，而是在於我們「如何詮釋事件」。

而這些詮釋，往往根植於自我內在的負面認定——我哪配、我不夠好、不被愛、沒資格、無能為力、與祝福無緣……等等。

然而，正如靈性大師們所言：「我們的本性本是光、本是愛、本是受眷顧與祝福，本是無損的、本是完美無缺的佛性或神性。」就連佛陀也曾說：「眾生皆有佛性，只因被無明遮蔽而不自知。」由此觀之，**心靈無需被「修復」**（療癒），**只需被「喚醒」**。

若以《金剛經》破相、空性的說法，可以這麼理解：「療癒則非療癒，是名療癒。」因為「凡所有相皆是虛妄。若見諸相非相，即見如來。應無所住而生其心。」這在處理的焦點及方法上，與心靈療癒的焦點與方式是不同面向的，它旨在拂拭遮蔽光明本性的塵垢，讓意識重新覺醒，目標不是修補，而是回到「本來面目」。不過，需要提醒的是，若選擇以「還我本來面目」的方式來喚醒自己，不免需要經歷一連串拂拭塵垢的「靈魂拷問」過程，得要做好心理準備喔！（笑）

當我看清這一點，我開始建立出一套能夠協助個案回溯潛意識，深入搜尋三大印記、追溯事件、洞察投影源、轉化偏執信念，並最終完成意識自主轉變，有意識引導的「轉念指令系統」。

這是一種有別於心靈療癒的技術，它不再只是為創傷止血、為心靈包紮，而是要幫助個案徹底掙脫投影的迷霧，不再以「創傷濾鏡」看待人生，不再從問題出發試圖修復過往，以覺醒的意識重新詮釋人生與自我，回到靈性的初心與源頭，並啟動嶄新的實相創造之路。

因此，我將這套技術命名為「量子轉念引導技術系統」，以此致敬這套技術的來源——最前沿的量子物理學思想。

在這近十二年的教學歷程中，加上來自世界各地數百位預約林雨曇老師「量子轉念引導技術系統」的一對一個案。這些學員及個案的年齡從十二歲到八十歲不等，橫跨各行各業、不同信仰、性別認同與文化背景。

不過讓我驚訝的是，他們當中不乏是身心靈療癒領域的專業人士，例如：頌缽音療師、能量療癒師、塔羅牌卡師、希塔療癒導師、風水師、命理師、瑜伽老師、國際催眠師、家族排列師、花精師、道士、法師等。同時，也有來自其他專業領域的人士，如：身心科醫師、婦產科醫師、神經外科醫師、護理師、心理師、中醫師、律師、國中小及高中老師、大學教授，甚至物理博士。他們的共通點是，都渴望看見更真實的自己，從人生的修羅場中找到一條通往內在平靜與覺醒的道路。

更令人欣慰的是，許多人在親身學習實作練習或是被一對一潛意識回溯引導後，都開始理解到：「意識的覺醒，並不是抽象的神祕概念，而是具體可經驗、可實踐的生命轉化歷程。」

正如我在第三階課程教材中提過的一句話：「對一位已經理解清晰生命實相的人而言，他一旦看見了極樂世界的天堂之路，怎麼還會選擇走向煎熬心靈有如十八層地獄的苦難裡呢？」

許多學員在遭遇生活困境、情緒被潛意識負面印記觸發時，會主動運用這套技術自助覺察轉念；而當被負面印記產生的情緒糾纏太深、無法自我穿越時，則會主動預約專業量子轉念引導師的協助，再次回歸覺醒。這樣的循環，不僅是一種工具的應用，更是一種意識維度的重塑。

認識量子觀點

不過各位請不必擔心，不要把本書當作學習「量子力學」本身，而是借助量子觀點作為橋樑，讓你理解意識與潛意識印記是如何交織運作、如何創造我們此生與眼前的現實。

接下來，我將帶你快速認識「量子轉念引導技術系統」密切相關的量子力學關鍵詞與實驗，幫助你更容易閱讀這本書。

量子論（量子力學）：一切皆為能量的振動

量子力學是解讀比奈米更微小世界的科學。科學家早已發現，萬物物質（包括你的身體、器官、血管、細胞等），都是由「原子」組成的。如果進一步「解剖」原子，看看內部的情況，會發現原子核心是由「質子」與「中子」組成的「原子核」。再解剖質子與中子，會看見有「上夸克」和「下夸克」在其中跑來跑去，原子核的四周則有不規律環繞的「電子」。

「夸克」是物質的粒子，「電子」是電的粒子，「光子」則是光的粒子，這樣的「基本粒子」總共有十七種。你現在眼前所看得見的一切明確物體以及產生的現象，其實都是由這十七種基本粒子改變組合的方式及外形後所創造出來的。

從量子力學「超弦理論」的角度來看，每種基本粒子都是由「能量（弦線）的振動」所組成的。也就是說，在量子力學的世界觀裡，這些粒子並非堅實的實體，甚至連組成我們視為「物質」的東西，其實全是「能量的振動現象」。

我們之所以可看見這些「有質量或重量的物質」，或是可以觸摸到「堅硬的物體」，其實只是我們的「錯覺」。

舉例來說，當你用拳頭揮擊沙包時，雖然你會感覺拳頭碰觸到沙包，兩者都是「實物」，不過在肉眼看不見的實際情況下，這只是兩團「原子高速振動能量團」組成的肉體與沙包互相反彈的效應。

總之，從我們眼中看出去的這個世界，儘管看似多麼堅實、可觸，但從量子力學的微觀觀點來看，一切都只是「能量振動」的幻象。

就連你我的「意識」、「心靈」、「精神」、「情緒」、「信念」及「潛意識印記」，無論是把它視為一種量子現象，還是大腦神經細胞的電子訊號，本質上也全都是「能量振動」。

因此，從量子力學的觀點來看，在這個宇宙中，從星系的誕生、天災人禍、你的出生、命運、運勢、連你今天吃的餐點好不好吃、心情好不好……等等，「所有發生的事件」和「所有的存在」，全都是不同頻率的「能量振動」而已。

讀到這裡，你可能會覺得這一切聽起來很玄、很不可思議吧！不過這卻全都是——「科學」。

觀察者效應（雙縫實驗）：意識創造實相的量子證據

電子及光子既是粒子，也是能量振動，其中一個現象就是，它們還會「變身」。它們會依狀況變換自己的形態，從粒子變成能量振動，這在量子力學中被稱為「波粒二象性」，這是不是很顛覆我們的常識？

科學家在實驗前先建立了一個假設：實驗中使用了一種電子槍，每按一次，就會發射一顆電子。前方設置了一個能顯示痕跡的螢幕，如果電子是粒子的話，那麼就會筆直地飛往螢幕，並在螢幕上留下痕跡。如果在電子槍和螢幕之間放一塊有兩道細縫的板子，用來限制飛出的電子活動範圍，以便確認電子是否確實地往前方飛，那麼痕跡應該就只會出現在細縫往前延長的區域中。

第一階段的實驗如科學家所料：當科學家盯著電子槍觀察時，電子的軌跡就像子彈一樣，筆直穿過縫隙打在螢幕上，這場實驗證明了電子是「粒子」。

然而，第二階段的結果，卻徹底顛覆了原先拍板定案的常識結論。

原因是，當科學家讓電子槍自動持續發射電子，卻不再「盯著」這個過程後，在細縫延長以外的地方居然也開始出現電子的痕跡了，這樣的痕跡代表著電子以類似「水波干涉」的能量波振動，而不是粒子。科學家推測這可能是電子變成能量波振動，穿過了細縫所形成的現象。

科學家想弄清楚到底是什麼情況讓電子「變身」，甚至用「光子」取代電子，仔細按照之前實驗的做法，重複無數次實驗，結果完全相同。觀察時，它們表現得像粒子；不觀察時，它們就變成能量波，這樣的「雙重身分」依然如故。

怎麼會如此超乎常理呢？

也就是說，電子或光子會變身。電子或光子都具有粒子性與波動性，在人觀察它的瞬間，會從「能量波振動性」變身成「粒子性」，實驗證明了「觀察」本身——你的意識竟然能改變實驗結果，也改變了物質的存在方式。

量子糾纏：彼此連結的意識振動

在現實世界的日常經驗中，時間是線性連續的，遵循「過去↓現在↓未來」的單向前進。可是量子力學卻告訴我們，基本粒子如「電子」及「光子」都有相同的性質：在物質內部空蕩蕩的原子世界裡，它們會神祕地忽然出現、又忽然消失，再忽然出現在好幾個不同的地方。也就是說，它是「忽隱忽現」的，彷彿在玩「隱形與瞬移」的遊戲。

換句話說，基本粒子的位置並不確定，不存在時間與地點的限制，它們可以同時出現在多個地點（場所），也可以同時出現在過去、現在、未來。對於基本粒子本身來說，它們不受時間次序長度規則的制約，過去＝現在＝未來。它只有「當下」（此時此刻），就像「如來」一樣，來去自如。

科學家進一步研究發現，當兩個基本粒子相遇接觸並產生關聯後，就算將它們倆分開再遙遠的距離，哪怕是「天涯海角」，它們都能穿越時間和空間（場所）限制的規則，進行超距離、無時差、同步的相互糾纏作用。簡單來說：就像是系統綁定一樣。

零點場（零點能量）：萬象之源，意識之母體

我們曾提及一個關鍵事實：從量子力學的視角來看，這個世界萬象皆是「能量振動」。

根據量子力學「零點場假說」（Zero Point Field Hypothesis），它被認為是誕生光子、電子、夸克等所有一切基本粒子的母體，是組成萬事萬物的源頭。你可以想像它是一片看不見、卻貫穿遍佈宇宙每一寸空間的能量振動海洋。

這個場不被局限於特定的空間與位置，也超越了時間的次序，它存在於你的體內：你的意識、情緒、生命藍圖、體內細胞。也存在於你所感知的一切之外：宇宙中的太陽、星辰、地球、樹木、昆蟲與動物，甚至每一個事件的發生，全都是基本粒子組成的，基本粒子即是能量的振動形式，而這些振動，全都來自零點場。

換言之，「萬象母體＝能量振動場＝零點場」。

在這片無邊無際的能量場中，宇宙中所有過去、現在與未來所發生的事件、每一段意識的變動、每一個情緒的閃現等訊息，皆透過「全息原理」（Holographic Principle）以能量干涉的形式被完整地記錄並保存起來。這是一座無窮的訊息資料庫，訊息量是無限的，而且永不消失。

正因如此，現代量子理論提供了一個令人著迷的觀點：我們的意識之所以能夠連接上零點場，跨越時空限制，深層連結宇宙的過去、現在、未來事件訊息等問題，都有了科學解釋。我們能夠連接上零點場，並非奇蹟，而是一種自然機制。

當我們的大腦與身體進入某些特殊的狀態——例如極度放鬆、深度冥想、夢境、催眠、瀕死體驗、意識擴展或其他改變意識的經驗，我們就可能打開與零點場的共振通道，進而接收來自宇宙的訊息，甚至還能將自身的訊息傳送進這片能量振動場中。也因此，我們才能在意識中觸及到那看似遙遠卻實際同在的「過去記憶」、「預知未來」與「宇宙正在發生」的一切。

在佛教哲學中的「唯識學」裡，提到的「阿賴耶識」，被視為萬法根源的儲藏識，是一切「種子」（亦即意識活動與心念能量）所形成模式的聚合場，又稱為「一切種子識」。這些種子在潛意識中交互作用，瞬間相續，逐漸形成習氣，並於未來特定條件成熟時，顯化回饋給個體形成經驗的果報。

這一機制，若以現代物理語言來譬喻，便猶如基本粒子的量子互動，阿賴耶識的聚合場與「零點場假說」，竟顯現出驚人的相似性。

而在傳統印度哲學中，「虛空界」（Akasha，原指空間、天空或以太的存在，承載萬象）一詞，在西方的新時代靈性思想中，逐漸演化為「阿卡西紀錄」的概念，象徵宇宙間所有意識經驗的能量記錄訊息場域。

在心理學領域中，榮格所提出的「集體潛意識」理論，也是一個關鍵對照。他認為，潛意識中不僅包含個人經驗，還儲存著千百萬年來人類共有的原型記憶，涵蓋生死週期、宇宙奧秘，甚至包括超自然現象與神祕經驗，是人類共同心理基因的深層結構。

綜合上述宗教哲學、心理學、靈性意識與超心理學的觀點，我們可以看見，「阿賴耶識」、「阿卡西紀錄」、「集體潛意識」、「量子訊息場」、「全息意識場」、「宇宙雲端數據庫」等不同語彙，雖分屬不同文化語境與學術傳統，但其核心精神皆指向敘述同一個本質現象：一個超越個體意識、承載記錄全體過去、現在、未來經驗與訊息的宇宙潛意識場域。

這也與當代量子力學提出的「零點場假說」不謀而合，成為跨學科對話的共振點。

全息原理（全像原理）：宇宙是一場資訊共振的投影實相

想像這樣一個畫面：你輕觸未來科技的觸控介面，一個 3D 立體星球影像在你眼前浮現，隨著你指尖旋轉、放大、點擊位置，將會跳出另一個資訊欄展開更多層次的資訊。這不僅是《星際異攻隊》或《星際大戰》中科幻的視覺影像，更是「全息原理」（Holographic Principle）所展現的概念模型：宇宙本身，正是一場立體、動態、全方位的訊息投影。

全息原理由物理學家戴維．玻姆（David Bohm）提出，他又被稱為現代全息原理理論之父。他認為，客觀現實其實並不存在，儘管宇宙看起來相當真實，但實際上只是一個幻象，就像是一個巨大的「全息投影」。

簡單來說，全息原理是利用「能量振動干涉」，進行高密度的訊息記錄，完整地保存並重現所有訊息，無論是形象、聲音、場景、還是經驗與情緒。這也解釋了為什麼在意識擴展狀態下，人們能夠「重播」過去的記憶，甚至「預見」尚未發生的未來。宇宙的每一刻，都被記錄在這個共振之場中。而這個訊息場，也正是我們所說的「零點場」與「宇宙意識場」，你可以將它視為一座宇宙雲端硬碟，或是超越時間的阿卡西紀錄。

平行宇宙（平行世界）：我們如何透過意識穿梭時空？

我們大多數人習慣將「時間」視為一條潺潺流動的河流，從「過去」流到「現在」，再從「現在」流向「未來」的線性前進，而且是不可逆流的。

因此，對於「未來」的看法是「尚未到來」，所以它「還未發生」；對「過去」的看法則是「已成定局」，所以它「發生過了」。這是鐵一般的事實，是常識。

然而，現代物理學對時間的看法，早已顛覆了這種日常直覺。愛因斯坦曾留下這句廣為人知的名言：「過去、現在與未來之間的區別，只不過是一種頑強的幻覺。」量子理論與相對論的觀點認為，時間並非線性流動的，「過去」、「現在」與「未來」是「同時存在」。然而，這卻和我們一般人的常識有著巨大差別，的確令人感到非常不可思議及迷惑。

前面提到在零點場中，宇宙裡發生的所有時空點的事件與訊息都記錄在場內，儲存量是無限且永遠「一體同在」，不會因為時間推移而消失或終止。也就是說：過去、現在、未來的「時間流逝」，只是為了方便理解與閱讀資訊所貼上的「分類標籤」。就像一本擁有兩百五十頁的書，書中每一頁都被同時裝訂成冊，頁碼僅是閱讀順序的參考編排，況且讀者還可以根據需求任意翻閱，不受頁碼順序所限制。

零點場就像是這本書籍，我們的意識，正是閱讀這本宇宙之書的眼睛。只要你連接上零點場，無論透過夢境、靜心、深度冥想或潛意識回溯引導，只要你的意識對焦得夠準，你便有可能讀取任一時間點（頁碼）的資訊內容。

因此，我們能夠「預感」、「預知」、「占卜」或體驗「夢中先見」，這並非偶然，而是一種內在機制的自然展現。

更重要的是，當我們真正理解「時間並非單向線性」這個核心事實後，我們不僅可以透過「改變現在」來改寫「未來」，也能以「改寫過去自己的觀點與詮釋意義」，來徹底轉化我們的「現在」。當我們重新組合這段內容的核心意涵，便是：

「改寫過去的印記經驗」，便能「轉化當下的意識狀態」，並同步「改寫塑造你正走向的未來」。

這也是佛家經典中所言：「欲知前世因，今生受者是；欲知來世果，今生做者是。」即是：一切因果雖分前後，卻本已同在一體，唯有意識的穿越，方能實現命運的轉變。

意識即光子：你的情緒是能量場的創造者

「光」是一種電磁波，由名為「光子」的基本粒子組成。光子的壽命極限約一百億年，這比我們目前的宇宙還「活得更長」，概略來說，以我們目前這個物質宇宙的壽命長度來看待光子，宇宙「命終」了，光子仍「還活著」，光子近乎永恆存在。

根據德國理論生物物理學家弗里茨・阿爾伯特・波普（Fritz Albert Popp）博士的說法，我們身體裡的每個「細胞」都是由「原子」組成，只要有任何生理活動，幾乎都會有光子發射的現象，也就是「生物光子」。博士說：「意識就是光子。」

我們的意識與情緒活動雖然肉眼不可見，但它們都會發射出「生物光子」。這些光子攜帶著你當下的心理與能量狀態。根據量子力學觀點，「意識」、「心靈」、「精神」、「情緒」及「心靈印記」，它們全都是「生物光子」，都是一種「能量振動」。

因此，當我們在生活中「想著一件美好事物」，或「有喜悅情緒」的時候，全身的所有細胞就會發射「想著一件美好事物，有喜悅情緒的光子」，這些光子同時在體內與身體外圍交錯飛翔，形成一個能量場包覆著你。

同樣地，每當你因眼前事物的刺激，「想著被傷害的情景」，或「有委屈受傷情緒」的時候，全身的所有細胞就會發射「想著一件傷害的情景，受委屈受傷情緒的光子」，這些光子同時在體內與身體外圍交錯飛翔，形成一個能量場包覆著你。

簡單來說，如果你的意識及情緒內容是「真心真意」的豐足、喜悅、平安，那麼就會發射出豐足、喜悅、平安的光子（能量振動），形成一個豐足、喜悅、平安的能量場包覆著你。

若你的意識及情緒內容是「真心真意」的貧匱自卑、悲憤痛苦、焦躁不安，那麼就會發射出貧匱自卑、悲憤痛苦、焦躁不安的光子（能量振動），形成一個貧匱自卑、悲憤痛苦、焦躁不安的能量場包覆著你。

量子力學創始人普朗克也說過：「一切物質的背後，是一種具有智能的心智。這個心智，是萬物的母體。」

美國加州大學爾灣分校認知科學教授唐納德．霍夫曼（Donald Hoffman）認為，「意識是世界的最根本存在。意識是根本存在的假設，已從量子力學得到支持，因為量子力學支持意識觀察會產生量子崩現（Quantum Collapse），從一堆疊加（Superposition）的可能性世界，崩現出我們所經驗到的現實世界，所以這個世界是意識的產物。」

重複正面語句就能改變命運？你根本不懂潛意識！

絕大多數人都知道「潛意識」這個名詞，你可能聽過不少人主張：潛意識的力量比顯意識大三萬倍，只要改變潛意識，就能改變人生。並宣稱只要把你想要的「正面信念」塞進潛意識，就能夠取代「負面信念」，進而幫自己形塑「新信念」與「新習慣」。

這樣的說法聽起來似乎有道理，但在我親身引導數百位進行潛意識回溯的一對一個案中，我發現了好幾個關鍵性的超巨大 bug。經過不斷實作與驗證，我得出了以下實證觀察：

首先，**潛意識本身並沒有主動的能力**。它只是由意識（基本粒子）所形成一項項認知的「場域」，就像是一個「容器」，提供的功能只是儲存意識產生的「印記」。真正具有力量的是這些被存放在潛意識中的「印記」，「印記」就是你意識認知下的信念，亦即同樣是基本粒子的存在。

再者，每個人對同一句「正面信念」的理解，真能完全一致嗎？

你能清楚分辨以下這些日常詞語中的細微差異嗎？例如：積極 vs 心急、努力 vs 過勞、淡定 vs 躺平、熱心 vs 多事、關心 vs 干涉、提醒 vs 嘮叨。這些詞表面看來行為相近，但背後驅動的核心認知與心態卻可能天差地遠。

以「積極 vs 心急」為例，光看兩者的行為，都是在迅速處理事情，但結果卻可能完全相反。我想你已經注意到，差異不在於「行為本身」，而在於行為背後的「核心想法」所產生的能量頻率。其它各組對照也是同樣的道理。而這個內在認知，除了當事人，旁人幾乎無從得知。因為「想法」不是有形的存在，外界無法單靠肉眼就能夠看見你此刻的內在狀態。

有時我們會嘗試將所謂的「正面詞句」強行輸入他人或自己的潛意識，卻未事先確認這些語言是如何被內在詮釋的，倘若它們實際上是被恐懼、否定、焦慮等負面情緒所解讀，那麼這段「正面信念」本質上仍是負面信念能量的偽裝，那麼你強行輸入潛意識的，究竟是正面信念，還是負面信念呢？

這就好像詐騙包裹一樣，外盒印著單價幾萬元新台幣的 iPhone，裡頭卻是價值新台幣二十元的鋁箔包綠茶，你會因包裝好看就相信內容物價值不凡嗎？同樣地，一個外貌出眾、氣質高雅的人，若內在三觀盡毀、心懷惡念，你還會說他是個「好人」嗎？

如果以上你的答案都是「不會」，那麼將力氣花在強行輸入正面語言，卻從未處理潛意識深層的舊有負面印記，這樣的做法就如同誤將潛意識當作具備思考、推理、選擇能力的顯意識。倘若真是如此，那麼「開悟」、「覺醒」、「成佛」的境界，不也只需靠潛意識反覆接收正面語句來「教育」、「馴服」就能實現了嗎？

但事實並非如此。歷來真正能開啟轉化與覺醒的，不是單靠語言灌輸正面想法給潛意識就能達成，而是透過「有意識的覺察」、「清明的念力」、「深度的轉念」、「開悟」、「意識覺醒」達成。這些無一不是意識在全然清醒中所進行的。

「潛意識」的功能就像是資料庫，就僅僅是「存放資料」用的，真正具價值的、有力量的，不是儲存空間本身，而是存放在其中的「資料」（包括「印記」在內）。若資料早已損毀或遭扭曲，儲存它的空間再大也毫無意義。就如同你遺失了一台手機或電腦，最在意的通常不是硬體與儲存空間，而是內部無法取回的寶貴資料與照片。

因此，真正對你產生影響與作用的，是潛意識裡那些「記錄著你如何認知經驗世界」的印記。它們如同電腦裡的檔案，一旦在特定情境被觸發，就會主導你的認知模式、思考邏輯與行為決策。

所以，並不是「潛意識的力量」比顯意識強，而是**「潛意識中印記的力量」**強大，因為它們默默影響著你的一切思緒、情緒與行為選擇。

潛意識的容量與儲存範圍是無限的，它不受時間流動的限制。即便只論今生，自你在胎中開始，所有在「無意識覺察狀態下」由眼、耳、鼻、舌、身五感所接收的經驗與情境，都會無意識地在潛意識中形成印記，成為你處理未來事件時的依據與範本。

而「潛意識」也與「集體潛意識」共置（Co-Location），彼此相通。潛意識連接零點場，儲存著整個宇宙的所有資訊，包括你靈魂在前世、今生、來世所經歷的每一段記憶與事件。簡單說，潛意識裡沒有所謂「時間的流動」，過去、現在、未來是並存的，只是以不同分類被標籤化記錄。

絕大多數人不知道的是，你的潛意識中的印記，往往是在兩種情況下被深深烙印的，而且這兩種情況都會在內在形成一種「心理暗示」，進而影響你對世界的認知、觀點與意志傾向。

一、清明意識狀態下的選擇性存取：

當你身處於清醒且具備查核能力的意識狀態中，外在環境的各種訊息——包括看見的影像、聽見的聲音、聞到的氣味，或身體任一部位所觸碰的事物——若經過你的意識認可（如分析、理解、相信與領悟）後，便會被允許存入潛意識之中。這些訊息因經過意識層面的過濾與認可後所形成的「印記」，能成為有助於自我成長的知識，甚至轉化為智慧。

二、無意識狀態下的被動烙印：

當你遭遇重大創傷、情感挫敗、人生困頓、持續的迷惘，或在盲目信仰身分權威與依附他人的狀態下，意識的查核功能便會陷入癱瘓。在這樣的無意識狀態中，周遭環境所發生的各種訊息——無論好壞、真假、有益或有害——都能輕易穿越潛意識的檢查哨，無篩選地進入並儲存於潛意識之中。這些印記往往是片段、零碎的，且彼此之間充滿斷裂與空隙。

更重要的是，現代神經科學指出，人類大腦具有一種自行腦補的「大腦自動補全訊息」機制。當面對不完整或矛盾的經驗時，大腦會自行拼湊、腦補這些空白區塊，以達到心理上的「認知平衡」，讓整件事看似合情合理。於是，零碎的印記被誤構成一套完整的敘事架構，而你也就將之誤認為「事實」，對此深信不疑。

當未來生活中出現與這類印記內容相符或類似的事件時，它便會被迅速觸發，導致你在無察覺的情況下「破防」，反應模式自動上線，由印記操控你的觀點、情緒與行為判斷，像是發生政變一樣，挾天子以令諸侯般，對眼前人事物做出非理性的處置行為。

這些反應並不是源自當下清明的選擇，而是被過去的偏執經驗所挾持，最終讓你親手把生命導向感情、事業、金錢、家庭、社交、健康方面等煩惱痛苦、卡關、輪迴重演的人生劇情。

那麼，正面信念可以直接取代負面信念嗎？

你或許聽過這樣的說法：「只要連續二十一天對自己重複一個正面信念，就能將它輸入潛意識，變成新的習慣與信念系統。」這樣的論點乍聽之下似乎合理，但若沒有檢查潛意識中既有的印記是否與這個「新信念」相衝突，這樣的輸入行為很可能是徒勞無功。

因為你想要輸入的正面信念，在你內在其實是「陌生觀點」，也就是尚未親身經歷、驗證、認可的經驗。如果它與既有印記認知無法整合，潛意識自然無法接納它的存在。甚至更常見的情況是，你內在對這個「正面信念」其實早已有著負面印記與排斥觀點，那麼這樣的輸入行為不只無效，反而還會引起「內在對抗」。

當你越用意志力想要壓制、征服、鎮壓內在的印記，表面上是希望「新信念」能發揮作用，實際上卻陷入一場內耗與內卷。你的意識頻率此時傳遞的是壓制、抗拒、否定、強力扭轉的能量波動，這樣的振動頻率也只會在生活中吸引更多同頻的阻力與混亂。

真正能轉化印記信念的，不是靠輸入新句子，而是必須深入潛意識，找到那些源自無意識時期所烙印、充滿漏洞與誤解的印記，重新覺察、看清、釋放並轉念，才能讓新的信念真正落地、扎根，成為你有意識地選擇與經歷的生命觀點。

印記投影模式法則：你眼中的世界其實是內在印記的延伸

所謂「印記」，是指你曾經親身參與、親眼見證並深信不疑的經驗情節，這些經歷在當時被你判定為「確實存在的事實」，並於意識確認後，深深烙印進潛意識中，以「能量振動」的方式儲存下來，成為你理解世界、詮釋人生的基模。它不只是回憶，而是一套自動運作的「認知投影系統」。

從此以後，只要你在現實人生中遭遇到與某個印記內容「相符」或「類似」的事件情節，這個印記就會自動啟動，如同相機自動套用濾鏡一般，將當下事件的真實畫面，直接覆蓋上一層來自過去的情緒與認知的濾鏡，形塑出一種「看起來就是這樣」的錯覺。

如果你的印記與「被背叛」有關，那麼當你與他人產生誤會時，即便對方並無背叛意圖，你也可能瞬間進入「被出賣」的情緒；如果你的印記與「無人理解」有關，那麼當你遭遇冷落時，就會感覺整個世界都在排斥你；你以為自己是「感同身受」，實際上卻只是被印記投影綁架了。

這也正是為何你常聽到許多靈性說法如「意識創造實相」、「心中有屎，見人便是屎；心中有佛，見人都是佛」、「萬事萬物皆為鏡像」的原因，它們本質上都在敘述同一個現象：你不是在如實看見世界，而是在看見你潛意識裡的印記所投射出來的世界。

當你轉化了印記，腦中不再被舊有濾鏡所干擾，你的判斷會更清晰、情緒更穩定、行動更自由。這種轉變是根本性的，這才是「貨真價實的轉念」，它不只改變你對事件的看法，還會連動影響你的人際互動、情感關係、事業選擇與整體命運方向。

別小看每一個印記的力量。它們一旦從潛意識的休眠狀態被喚醒，便立刻化身為你對當下世界的「詮釋公式」。它不僅告訴你「這件事的對錯與否」，還用強烈的情緒包裹著這份判斷，讓你深信這就是現實。

你無法複製他人的覺醒之路：量子轉念引導技術中的印記實修

每個人對同一件事的經歷、感受與處理方式，從來不可能完全相同。即使事件本身相同，情緒反應、思緒起伏與行為選擇，也因各自獨特的內在印記與生命歷程而異。你無法百分之百擁有他人的經驗，他人也無法複製你的感覺。

傳統科學能敘述物質世界的結構與運作，靈性導師則試圖闡述形而上層面的狀態——覺知、開悟、靈魂、感受。但無論是學術理論還是靈性教義，都無法將他人所獲得的經驗與覺悟「無縫移植」到你身上，正如父母即便是學霸、商業天才，也無法將人生體悟直接「遺傳」給子女。因為每一個人都是宇宙的獨一版本，必須走一段屬於自己、親身驗證的道路。

大量資料與實務經驗指出：人在「有意識」狀態下所獲得的經驗，與在情緒混亂、焦慮、恐懼、創傷、重大打擊等「無意識狀態」下所經歷的內容，有著截然不同的特性。後者往往形成偏誤記錄與錯誤詮釋，並深藏於潛意識，形塑成日後人生的投影濾鏡——也就是「印記」。

想要學會一門科目，就像學習開車一樣，你無法只靠觀看或聽說就掌握駕駛技能，真正的學習必須透過實際操作、錯誤修正與體驗參與。

因此，「量子轉念引導技術系統」的實修路徑，不是光靠聽課吸收理論，也不依賴灌輸正向信念，而是透過一對一實作個案潛意識回溯，以個案當年的真實遭遇與感受為唯一依據，逐步釐清與重構事件印記。

同理，轉念的關鍵不在於接受一套說法，而是讓個案親自參與「重新經驗自己」的過程，並在覺知中找回被遺漏的事件細節，從而推翻原先印記所建構的錯誤認知。這是一種主動而非被動的轉變，個案不是被說服、被規勸、被教育，而是在自己內在看見新的證據與感受後，自發地放下舊有的認知與情緒。這種來自內在深處的轉變，才是真正的「轉念」，也是一種當下即生的覺醒。

這些實修經驗讓我深刻體悟到：許多靈性現象，如靈魂、前世記憶、生命藍圖、宇宙吸引力法則、平行宇宙、甚至所謂的開悟覺醒，其實都能以量子力學的觀點得到合理解釋與實際驗證。而我所做的，是將這些看似抽象的概念，透過「量子轉念引導技術」這門系統化的方法，在一對一潛意識回溯實作中逐一實現與落地印證。

Part 2 打開潛意識的門：透過量子轉念引導揭示死亡與靈界真相

如我前面所提到，在宇宙中所有可見、可觸摸的物質體，都是由微小的「基本粒子」集合組成的，人體也是物質體，當然也不例外。而「零點場（集體潛意識）＝能量振動場」，所有發生在這宇宙裡的過去、現在、未來的事件與訊息，都以能量振動的「全息原理」記錄在場內。儲存的訊息量是無限的，且永遠保留、永不消失。

量子力學的這項說法，為「死後世界」的存在提供了理論依據。因為「死亡」，只是組成人體各部分與器官的基本粒子，改變了其原先的能量振動頻率與排列方式，無法維持原先生命體功能的機能和結構的穩定性，腐化或火化也是同樣的結果。不過，本就作為能量狀態的「意識」，其振動頻率仍會持續存在，況且，能量振動訊息並不受時間長度束縛，即使死亡了，意識依然會永存，因此死後靈魂依然存在於宇宙之中。

有一項名為「量子靈魂理論」（Theory of Quantum Soul）的假說，由英國理論物理學家羅傑・潘洛斯（Roger Penrose）所提出，他近二十年都在宣傳「量子靈魂」，認為靈魂是真實存在的。潘洛斯在一九八九年出版的《*The Emperor's New Mind*》（暫譯《皇帝新腦》）一書中指出，生物學無法解釋意識產生的問題，必須運用量子物理學的理論觀點，才能解釋意識的來源。

他在一九九四年被英國女王伊莉莎白二世授予爵士爵位，並於二〇二〇年獲得諾貝爾物理學獎，是位數學物理學家，同時是牛津大學的數學名譽教授，也曾與「天才科學家」史蒂芬・霍金（Stephen Hawking）一同證明「黑洞的奇異點定理」。

潘洛斯在「量子腦理論」中提出這樣的假說：發生在我們腦中的資訊處理程序，其實是一種「量子程序」。這項理論試圖從這個觀點，解開大腦活動與意識問題。他與美國物理學家亞利桑那大學意識研究中心的斯圖爾特．哈梅羅夫博士（Stuart Hameroff）自一九九六年起合作研究「靈魂不滅」理論。

他們的理論指出，人類的大腦其實是一台「生物量子電腦」，而人類意識（靈魂意識）是一種存在於腦細胞內「微管」（microtubules）結構中的量子程序。

微管是大腦裡的一種絲狀結構，可以幫助構成神經元及其他細胞的骨架。而人類意識經驗正是腦細胞中的一種「量子重力效應」（Quantum gravity effects），這些微管具有量子性質，能將電子處於量子疊加狀態——讓靈魂意識一半存在於大腦，一半則存在於宇宙某處。無論相隔多遠，即便百億光年，這各自一半都可以通過量子糾纏在一同運作。

換句話說，人死亡後僅是大腦失去量子運作功能，但微管中的量子資訊仍會以「靈魂」的形式，回歸宇宙並持續存在。這個過程，即被命名為「調諧客觀還原理論」（Orchestrated Objective Reduction, Orch-OR）。

哈梅羅夫博士進一步指出，當人死亡，心跳停止、血液不再流動，微管雖然失去量子狀態，但大腦微管內的量子訊息並未消失，它無法被摧毀，而是擴散到宇宙之中。若病人奇蹟復甦，這些資訊便重新返回大腦微管中，使人產生「瀕死經驗」；若未甦醒，那麼這些量子訊息便將以靈魂狀態，持續存在於宇宙中的另一個層面。

這個觀點進一步指出，「原意識」（proto-consciousness）其實是宇宙的基本性質之一，從宇宙大爆炸以來即已存在。我們的大腦僅是接收並放大意識的工具，而非意識的源頭。此理論不僅為瀕死經驗、靈魂出竅與轉世提供了解釋，也使意識在死後仍然延續的觀念，獲得科學可接受的支持。

這看似不可思議，不過，在現代最先進的腦科學領域，也逐漸朝這項「調諧客觀還原理論」假說研究發展。

那麼，我們的意識是否有可能與「零點場」（集體潛意識）連結，甚至與亡靈對話？

首先，我打個比方。我們都知道「無線電波」（電磁波）可以穿過牆（包括我們的身體等物質）傳送訊息，因此我們使用的智慧型手機，在屋內仍然可以接收與發送無線電波的訊息。它利用電子元件，將你的聲音、影像，轉換成電子訊息，接著透過無線電波（電磁波）傳送到專屬於受話方的手機，再經由受話方手機將電子訊息重新解碼，轉回成聲音、影像給受話者。

靈魂意識也是一種能量振動波。因此，靈魂得以穿牆而過不受空間阻隔的現象，就不難理解了。與亡靈對話的情況也是相同的，意識之間的傳訊也有類似機制。就像兩部智慧型手機互相通話或互通訊息一樣，只要頻率匹配，我們的意識就能與亡者靈魂對接，就像兩部手機在對頻通話。

換句話說，你與亡靈是以意識、想法在「交談」，並不是以我們熟悉的實體交談模式進行。

你可以想像成前面我提到的全息原理的視像通訊。我在「量子轉念引導技術」的一對一實作中，見證了許多個案在潛意識回溯過程中，意識會進入一種異常敏銳的感知狀態。只需準確的語句指令引導，便可促使個案意識與亡靈頻率對接，展開一種非語言卻極具真實感的交流。

這種對話形式，不受察言觀色的干預，反而更真實，像是吃了哆啦A夢的道具法寶「誠實錠」後進入了亡靈內心的狀態。許多個案藉此與亡靈和解、釋懷，瓦解了長久以來的執念與痛苦。

更進一步地，有些個案在這個過程中連接到了高維度的靈性存在——「高靈」。而透過對話的清明與穿透力，也能使個案辨識出「真高靈」與「假高靈」（如冒名的亡靈或動物靈）的差異，從而避免落入被操控、追名逐利或自我膨脹的靈性陷阱。

案例一——死在當下，活在無間：被困在自殺時空的靈魂啟示

有次我在家裡，透過 Messenger 的家庭群組，和住在相隔八十公里外的大哥聊起當年外公過世的事。然後不知為何，提到了外公病重住院那段期間，主要是由我們的一位表妹負責在病床前照顧的這件事。後來外公離世沒多久，那位表妹竟然在鐵路上臥軌自殺了，當年這件事還上了報紙新聞。

由於我自幼就和外公一起生活，直到他離世，在記憶中，那位表妹曾幾次來探望外公。我見

過她幾回，也記得她每次來都會帶我到附近走走，陪我玩耍，對我甚是疼愛。外公還在世時，我依稀聽過母親和外公提到她結婚的事，但自從外公住院後，我就再也沒見過她。這次會想起她，是因為與大哥談到母親與外公之間的家事，才觸發了這段記憶。

結束客廳裡的訊息對話後，我順口跟太太雨曇提起剛才與大哥談到這位表姊，以及她後來臥軌自盡的事。沒想到，雨曇瞬間在胸口感到一股莫名的感應。她直覺告訴我，應該立刻使用「量子轉念引導技術」為我引導一次。我當下也有同樣感應，便對她說：「好。」

接著雨曇開始依照技術的引導步驟，帶領我閉上雙眼、深呼吸、摒除雜念、靜心。由於這二十多年來，我持續進行潛意識印記轉念的實作，意識連結與接收資訊的速度早已非常純熟與快速。因此，很快地，我內心便浮現出一幅清晰如視覺般的影像場景。我的視角位在半空中，大約從四十五度角俯瞰地面，畫面涵蓋方圓數十公尺，有如透過監視器拍攝並投影在螢幕上的路口實景，那種清晰度與臨場感，非常具體而真實。

畫面中浮現的是一處鐵路與道路交會的平交道，道路一側坐落著幾棟住宅，另一側則是一排茂密的樹木。鐵道兩旁雖顯得較為空曠，但仍可見零星幾間低矮建物。環境安靜得出奇，整個空間空無一人，沒有半輛車，甚至連鳥獸聲響都完全消失，彷彿所有人類與生物都從這個場域中退散，只留下孤身站在鐵道旁的女子。天色雖是白晝，光線卻並非晴朗明亮的日照感，反而像是穿透一層輕薄的毛玻璃，整個場景籠罩在一種柔光朦朧的氛圍中。

雨曇接著問我：「那位女子是誰呢？」我像是早已心知肚明般回答：「是我那位去世的表姊。」接者，太太引導我和眼前這位表姊的靈魂進行「交談對話」。

這樣的過程對我們來說並不陌生。我和雨曇共同擁有超過二十年的個案回溯引導經驗，尤其雨曇更是實作過超過千位一對一個案。我們深知，許多亡靈並不知道自己已經死亡，仍以靈體狀態徘徊在人間。既使有些亡靈知道自己已經離世，但卻不知道怎麼離開，只能滯留在這熟悉卻早已失去連結的三維空間裡。

接下來，我不再一一呈現當時雨曇下達的引導問句，而是以我為主體，轉為第一人稱視角，進入那段與我表姊靈魂之間深層對話的敘事方式。

我問表姊：「妳知道自己已經死掉了嗎？」

表姊回我說她知道，自己是背對著火車朝向她行駛的方向臥軌，當那列火車行駛的聲音與感覺逐漸向她逼近時，雖然腦中對死亡的決意堅定，但內心卻也湧起一股難以形容的恐懼。

不久之後，她眼前一陣黑、腦子同時一片空白，接著出現短暫的意識中斷（以我的個案潛意識回溯經驗推測，這應該是被火車輾壓、斷氣身亡瞬間所產生的斷點反應），等她像是「醒」了過來，重新有了意識後，眼前依然是熟悉的場景，不禁心想：「我不是已經死了嗎？怎麼還在這裡？」

過沒多久，她就察覺到不對勁了，怎麼四周都沒有半個人影？而且不知道為什麼，不論她走哪條道路、哪個方向、走多久、怎麼繞，最終總是會回到這裡——就像被困在一個沒有牆的迷宮，怎麼樣就是繞不出這片區域。

接著，我眼前浮現了彷彿「雙重曝光」的畫面，一幕是：當時表姊過世後，她的家人曾請法師來現場進行招魂儀式；另一幕則是此刻我與表姊靈魂進行對話的當下。這兩段原本屬於不同時間點的畫面，如時空交疊般地融合在一起。

我問表姊說：「妳知道妳的家人當時有請法師來這裡為妳招魂嗎？」

她露出驚訝的表情，彷彿第一次聽到這件事：「有嗎？我怎麼完全沒看到他們？我醒來後看到的，就只有現在這個景象，所有人都不見了。」

聽到她的回答，我內心忽然湧上一股「原來是這麼一回事」的強烈領悟。

原來，表姊在自殺當下，對於火車帶給她的死亡衝擊與恐懼過於強烈，以至於她的意識在臨終瞬間產生了排斥性的執念，像是使用手機照片編輯裡的「移除物件」功能，把「火車」、「人群」，乃至所有「生命的存在」從她的現實畫面中抹除。

於是，雖然地點相同，但她所處的時空維度裡，已經被意識的恐懼篩選與切割成另一個「平行空間」，無法看見彼此。這也讓她根本看不到招魂儀式的進行，無法感受到親人的悲傷與呼喚，甚至連嘗試來接引她的靈體或能量存有，她也全然無感。

表姊告訴我，她一直被困在這裡，眼前的環境景物雖然一模一樣，但卻宛如末日世界，彷彿人類、生物都從地表上消失，全都沒了生機。

我和雨曇都很清楚，表姊對那列奪去她性命的火車，特別是被輾壓的瞬間，內在所經歷的極度恐懼，早已深深烙印在她靈魂潛意識裡，成為印記。

若想協助她真正脫離當下這個停滯的時空，首先必須引導她重新面對那段被火車輾壓的心靈恐懼，轉化這些印記。

於是我對她說：「妳現在是非常安全的，我會陪著妳，再次一起走過那段經歷。請信任我們的引導，好嗎？」

表姊點頭同意。於是，雨曇依照「量子轉念引導技術」的步驟，透過我引導她進入潛意識深層的印記畫面，重新經歷並轉化那段火車逼近、恐懼爆發、意識斷片的瞬間等印記內容。

完成轉念歷程後，我與表姊明顯感覺到，周遭空間的光線開始發生變化，天空原本覆蓋一層如毛玻璃般的朦朧遮罩，竟在一瞬間被揭開，整個場域的亮度與清晰度提升了，就像某種封印被解開一樣。

就在這時，有道純淨明亮的光從高空灑落，直接照耀在表姊身上。我與表姊同時感受到，那道光是來自更高維度的接引，她的靈魂可以離開這個停滯時空，走向下一段旅程的時機終於到來。

表姊說：「在這裡，沒有人能與我說話，也無法將自己的訊息傳遞出去，一直被困在這個世界。直到今天，你在家中突然起心動念想整理舊相簿，剛好在翻閱那些泛黃的老照片時，心中閃過我的影像，就是那一念溫暖的記憶片段，竟成為一道突破封印的訊號，讓我在這無聲的結界中感應到了。」

她繼續說道：「也正是那一瞬間的頻率呼應，使我立刻決定抓住這道意念頻率，試圖與你們產生連結。更巧的是，晚間你與你大哥在家庭群組裡提起往事，再度談到我，這意念進一步強化為更強烈的共振頻帶，使我得以順利傳送訊息，讓你和雨曇感知到我的存在，也才促成了今晚這場跨維度靈魂對話的因緣。如果沒有這一連串巧合與因緣交會，我還不知道要在這裡困多久，才能等到出路的機會。」

在道別前，表姊面帶微笑，眼中流露出溫柔慈愛的光，緩緩說道：「沒想到當年那個總跟在我身後的小男孩，如今也五十多歲了。謝謝你，還有你太太，今晚為我所做的一切。」

接著，雨曇引導我以意念觀想表姊被那道高維之光包裹著，並以祝福的心引領她離開這個滯留的時空。整個引導過程就在愛與祝福的氛圍中結束。

結束後，當下，我內心浮現出一個很深的領悟：離世後的亡靈，若是對某個特定的人、某段經歷或某種情境的痛苦執念太強，便會在潛意識中，不自覺地創造出一個專屬自己的「結界大陣」，把自己封印在和其它維度頻帶世界阻隔起來的結界裡，讓自己一直「活在」這個重複當時未能釋放情緒與信念記憶的循環時空，無法脫離。

這讓我想起了《地藏本願經．卷上．觀眾生業緣品第三》裡提到的一段話：「日夜受罪，以至劫數，無時間絕，故稱無間。一人亦滿，多人亦滿，故稱無間。千萬億劫，求出無期。」

簡單來說，就是受苦的念頭會日夜相續、不停運轉，使自己的內心陷入毫不間斷、沒有期限的折磨中。好比被關在監獄裡的犯人，不管是關在一個人的獨居房、六個人關一間的牢房，甚至關在這整座監獄的所有犯人，內心全都一樣正在受苦中，無論人數多少、牢房空間大小、被關刑期的長短，完全沒有差別，所以稱為無間。這種日夜相續不停受苦的念，若是執著不覺醒，就會在內心裡變成永恆的時間，想等痛苦耗盡後離苦，根本是遙遙無期。

我同時也領悟到「地獄」的真實本質，它的可怕不在於「物理性的懲罰」，畢竟從量子力學觀點來看，亡靈不是實質物體，只是一團能量振動的訊息，物理性的傷害對亡靈來說沒有真實感。只有亡靈自身未解的痛苦印記、觀點、想法才能夠傷害到自己。

「地獄」的景象，其實是亡靈根據內心的印記認知信念所建造的結界世界，使自己困在這個世界裡，不斷反芻溫習這份執念觀點下的痛苦而無法出離。

我也終於體悟到，過去曾聽聞的說法：「自殺的人，死後靈魂會在自殺的地方，一直重複經歷自殺過程的痛苦。」其實並非如字面上所說的外在懲罰，而是靈魂被困在自己創造的意念中，無法出離，這才成為真正的煉獄。

這也是我從回溯表姊離世的這段經歷中，獲得對這說法的另一層領悟。

案例二──滯留事故現場的父子亡靈：不肯離去的親情守候

這位個案是一位年約四十歲的女性，她前來尋求一對一量子轉念引導，是因為前陣子某日白天，她從乾媽家準備騎摩托車返家，途中突然感受到一股難以用常理解釋的「無形拉力」，拉扯她對車把的掌控，導致整輛車瞬間失控打滑。

雖然她並未受傷，現場也沒有其他車輛經過釀成更大意外，看似有驚無險地平安落幕，但這起事件卻在她的潛意識中，留下了揮之不去的陰影。自此之後，每當她騎車上路，內心便浮現莫名的不安與恐懼，彷彿仍處在當時那股失控感中，揮之不去。

（為了使閱讀流暢，以下將重點呈現當時我下達引導問句指令的內容。）

我深知潛意識裡形成負面印記的根源，來自於當下慌亂無意識中所感知的「碎片化記憶」。這些記憶就像是殘缺的影像畫面，未被整合與釋放，在潛意識裡反覆運行著錯誤的訊號，構築出偏差的認知模式與恐懼迴路。

因此，我必須先引導她進入潛意識的記憶場景，重新回溯那段意外發生的時空，讓她再次「經歷」那場摩托車打滑的事件。這麼做的目的，並不是讓她再次受苦，而是協助她從當時驚慌失措中所遺漏的片段記憶裡，找回失落或封鎖住的畫面訊息，以及真實感知的線索，讓潛意識的經歷畫面，從模糊碎片化的狀態逐漸清晰完整。

唯有讓真相被看見，過往所留下的恐懼印記才有可能真正鬆動與解構，幫助當事人從潛意識扭曲的舊經驗觀點中覺醒轉念。

她回溯說，那是白天下午的時刻，自己正從乾媽家離開，獨自騎著摩托車返回住處。行經某個轉彎路段時，突然感覺好像有股無形的拉力，從旁邊扯住她的車把，雖然沒有整個摔倒，但車子還是打滑了。

我問她：「那時候前後有其他車輛嗎？是否有車從你身邊超過？」因為我想確定真實情況是否如她所說，還是因為有車輛超車的氣流影響所造成。她很肯定地說，當時前後路面都沒有其他車輛，現場就只有她一個人。

我進一步問她，那時候有沒有在想些什麼？她說，當時自己在想，是不是因為現在是農曆七月的關係？記得那時候動了這個念頭，內心的恐懼立刻隨之而來，因為從小聽長輩說農曆七月是鬼月，會有鬼魂在人間遊走，接著就發生摩托車被拉打滑的事件。在鬼月期間動了那個念頭，對鬼魂有莫名的恐懼，這種恐懼害怕自然聯想到電視劇裡面的鬼魂形象，都是一副青面獠牙的臉孔，還會傷害人，因此很害怕「鬼魂是真的會傷害我。」

她說到這裡時，我觀察到她的身體語言，開始不自覺地做出肩膀畏縮跟輕微顫抖的動作。我的經驗告訴我，這時候的她，意識正很專注聚焦在會讓她感到恐懼害怕的「對象」上。

為了讓她更加聚焦，我決定要放大她的情緒強度，所以我讓她不斷複述：「鬼魂會傷害人」

這句話。起初是背脊發冷的語氣，沒多久，她突然以發笑的口吻脫口說出這句：「他媽的，誰會傷害你啊！」說完，她馬上露出有些尷尬與不好意思的表情，似乎為自己在我面前爆了粗口而感到失禮。我以同理心連忙安撫她說：「沒關係，我了解的。」

然後我問她：「妳再仔細去感覺一下，妳的摩托車把手當時到底發生了什麼事？」她回答：「整個像是被一股力量拖拉住的感覺。」我回應她：「好！那妳再深入去感覺一下，那是什麼在拖拉妳的把手呢？」她告訴我：「真的有一種好像被什麼東西拉住的拉力感。」

我發現她的意識狀態還在聚焦中，像是相機鏡頭還在調整光圈焦距，還沒對焦到畫面一樣，於是我進一步協助她聚焦：「妳試著用妳的意識進入那個『拉力』本身，去感覺它到底是什麼？」

這時她的意識可以更聚焦了，她說心裡出現有個聲音說「好玩」這兩個字。我聽見這個關鍵訊息後，請她再感覺一下，那是什麼存在？

她說：「我覺得是……有一個看不見的無形體存在的那種感覺（我知道她還對「鬼魂」這個詞存有深層的恐懼，所以說不出「鬼魂」兩個字，只能用「無形體」這個詞來替代），祂有這樣的力量可以拉住我的把手，然後我感覺到祂內心只是覺得好玩而已。」

我接著再問：「是什麼原因，讓祂會覺得這麼做是好玩？」個案露出一絲狐疑的表情，像是有什麼想法正要浮現，嘴裡喃喃自語地說：「怎麼會有……這樣的念頭？」

我察覺到，若讓她的意識過度停滯在思考狀態，可能會中斷目前與鬼魂的意識連接，於是我立刻接話引導她：「沒關係，把妳剛剛感知到那個『怎麼會有這樣』的念頭說出來，讓我知道。」

她說：「我一直認為鬼魂是會傷害人的，但那個無形體的想法就只是想跟我玩一下而已，事實上祂也沒傷害到我。」

「那祂有惡意嗎？」我問個案。

「沒有，祂真的就是單純覺得好玩而已。」個案語氣很篤定地說。

接著個案又重複一遍自己的想法：「我一直覺得我會感到害怕，是因為我認定鬼魂是會傷害人的，可是祂卻只有『覺得好玩』的念頭而已，並沒有要傷害我的意圖，這才讓我感到很意外，也很困惑。」

於是我請她去感覺一下，那個拉住她機車把手的「無形體」大概是多大的年紀？個案說：「是個男生，我感覺有一個大人跟一個小孩，拉我把手的……有點像是那位小孩，對對對！像一個調皮鬼，個子小小的。」

於是我問她：「那當妳感覺到祂們了，妳想跟祂們說什麼？」

像是祂們與我們在同一個空間裡一樣，個案直接開口對那對父子說：「對啊！幹嘛拉住我啊？真的害我差點跌倒呀！」

我繼續引導對話：「那他們怎麼回應？」

個案像是直接翻譯祂們所說的話讓我知道一樣，脫口而出說：「誰叫妳要害怕？」接著個案又以第一人稱說：「我要轉彎的時候，祂覺得這樣好玩，又不會傷害到我。」

我引導個案繼續進行對話：「祂的目的除了覺得好玩以外，還有其他的想法嗎？或是其他的意圖或目的？」

個案露出專注的表情說：「祂好像在告訴我說，我們才不會傷害人呢！」

我繼續引導個案：「好的！那麼當妳聽到祂這樣回應後，妳想要回應什麼想法給祂們？」

個案帶著微慍的口氣說：「就是祢這樣讓我嚇了一跳耶！我真的差一點以為自己會跌倒受傷！」

我繼續引導個案：「那當妳這樣表達後，祂有什麼想法要給妳？」

個案忽然露出驚訝的神情，說道：「我看到那位大人輕輕按了一下小朋友的頭，叫祂要跟我道歉，然後小朋友鞠了一個躬說：『阿姨對不起！我只是覺得好玩而已！我沒有想那麼多。』」

我問個案說：「那小朋友已經跟妳道歉了，妳願意接受嗎？」

個案輕快地說：「可以啊！」

我繼續問：「那祂們怎麼會出現在這個地方？然後被妳遇見了？」

個案像是自問自答地說：「對啊！為什麼被我遇見了？現在感覺我的胸口悶悶的，有一股想哭的情緒湧上來。」

為了能讓個案將對話的訊息延展下去，我再問她一次：「那祂們為什麼會出現在那裡讓妳遇到？」

個案回答說：「怎麼有種祂們在找媽媽的感覺？」

原來，那位大人是小孩子的爸爸，祂們在那個路段發生車禍，一家三口坐在車上，結果被後方車輛追撞，釀成車禍。

我繼續引導個案敘述她現在「看到」的畫面（使用「看到」與「聽到」的用詞，只是讓個案更方便表達所感知的訊息）。個案像是親臨現場目睹事件過程一樣，她說前方有輛車突然打滑，他們來不及反應剎車，便撞了上去，後方的車也反應不及，追撞上來。他們的車體就像一根被壓扁的鋁製管，瞬間被前後夾擊得變形，她看到媽媽滿臉都是鮮血，坐在副駕駛座，爸爸開車，孩子則坐在後面。

我再引導個案協助那對父子回溯當時車禍的經歷，個案立即露出驚訝的表情，脫口說出：「怎麼會這樣？突然出現空白的感覺。」我隨即再下進一步的指令，引導個案以心念協助他們重新回憶那場事故的過程，尤其是當下的感官覺受到底經歷了哪些內容。個案說他們當時聽到尖銳的剎車聲，還有「碰」的一聲巨響，感覺現場好恐怖，孩子在叫媽媽，但他們看起來似乎沒什麼大礙的樣子……

聽到這裡，我心中感覺有些不對勁——既然這對父子已經以亡靈的形式現身，為何在個案眼中，他們的身體看起來像是不曾受過嚴重創傷的跡象？

所以我再度引導她，以心念引領那對父子進一步探看真相。車子被追撞擠壓得那麼嚴重，為什麼爸爸跟孩子看起來像沒事？當時他們身體受傷的情況如何？為什麼他們現在成為無形的亡靈，卻還留在那個轉角徘徊著？

個案的視野逐漸打開，她說：「媽媽的傷勢較重，被到場的救護人員緊急送往醫院急救，而那對父子其實在當場就已經過世，他們根本不知道自己已經死亡了，以為自己還活著。」

這時，我繼續問個案：「那妳看看媽媽後來的情況呢？她有被救活嗎？」個案搖搖頭。

我再次確認：「沒有救活，是指也過世了是嗎？」個案點頭說：「對！媽媽也走了。」

我再追問下去：「現在父子也看到這個場景了，那為什麼當時他們沒有找到媽媽呢？」

起初，個案用理所當然的口吻回答：「就是孩子的媽媽被送到醫院急救無效，往生了啊！」

以我的實作經驗當然知道，在潛意識回溯中，如果個案目睹了重大打擊的情節，往往會因為恐懼而造成意識封鎖、遺漏事件部分內容的情況。因此我會繼續以問句指令，引導個案去解鎖那被鎖住、遺漏的劇情。

「為什麼父子倆一直在轉角徘徊，卻沒有找到媽媽？直到今天才透過引導，看見媽媽被送往醫院的畫面？」

指令一落，個案的意識再度接收到更多細節，她說：「當時父子是當場死亡，因此救護車把父子跟媽媽分別送往不同的醫院，所以那一刻，他們就錯失了彼此。他們看見自己的肉身被載走，便本能地跟著自己的身體走，沒想到跟媽媽各自被帶往不同方向。後來，一家三口在事故後各自確定了自己的死亡，卻又都回到原本的事故現場，試圖尋找彼此，造成如今陰差陽錯的結果。直到今天，透過這次量子轉念引導的機緣，才讓失散多年的三個靈魂終於重逢，一家三口終於團圓了。」

「現在，他們一家三口有什麼話想說的嗎？」

個案微笑著說：「他們說謝謝你，讓我們終於找到了彼此，他們彼此尋找與等待的狀態，其實已經很久了。」話才說完，個案突然皺起眉頭、陷入矛盾地說：「不是……不對啊！可是我有疑問啊！祂們不是應該都很有能力嗎？咦！為什麼還像人類一樣的方式找人？」

我再引導個案深入去感知答案，片刻後，她回應：「他們好像不知道自己已經有穿越空間和瞬間移動的能力，只覺得要回到原地才找得到人。」

我輔助個案整合這段訊息：「也就是說，他們仍然是用人間的觀念和模式在尋找家人，是嗎？」

個案肯定地點頭：「對！甚至他們一直以為，只要待在發生車禍的這個地點，就可能會和媽媽重逢。只是沒想到媽媽是在醫院過世的，媽媽在醫院那頭等待他們，而他們卻在車禍原地等待媽媽，結果就這樣彼此錯過了。」

「那現在他們已經團聚了，也知道彼此都已經離世，他們接下來想做什麼呢？」

「感覺是，他們可以離開這個地方了，不需要再一直停留在這裡，因為他們已經找到彼此了。」

「那他們知道該怎麼離開嗎？知道要前往哪裡嗎？」

「感覺去哪裡都可以，而且當祂們感受到那份團聚的喜悅和滿足時，那股離開的力量就回來了。」

「所以那股力量回來時，你看到祂們身上會顯露出什麼？」

「就會感覺到那道光，那種明亮的光啊！」

我知道，這代表祂們回歸另一個世界的時機到了。於是我引導個案傳遞我的話語給祂們：「請祂們順從自己的心！信任並跟隨身上那道光的指引！祂們會知道自己要前往的地方！」我確認個案有專注於觀想後，再補充一句：「那我們就一起祝福祂們。」

當我確認他們一家三口已經隨著光的指引離開後，我便準備協助個案將這次的亡靈對話，轉化為內在執念的破相及轉念覺醒的契機——也就是「鬼一定會害人，鬼是可怕的」這種信念。

「好的！讓我們往前回溯，妳提到小時候看電視，常看到鬼會嚇人畫面的那個時刻，大概是什麼年紀？」

個案說，這樣的情況相當多次，大概小學三年級左右，那時常看到電視劇裡上演被謀害而死不瞑目的冤魂，化為青面獠牙的厲鬼，去找殺害他的人報仇的劇情，那些劇情讓她非常害怕，深深烙印在心裡。她說：「所以我一直相信鬼都是會害人的。」

我立刻聽出她潛意識裡根深蒂固的印記信念：「凡是鬼，就一定會傷人。」

然而，單靠理智的說服、道理的勸說是絕對無法撼動深植在潛意識裡的印記執念。我必須引導個案讓她自己去發覺潛意識中有個「執念」的存在，這樣才能讓她「親手證實」這個執念認知是如何建構的，又為何可以被顛覆。

「所以電視劇裡的鬼會掐人，是因為他們彼此有恩怨是嗎？」個案點頭。

「那鬼除了會對有恩怨的那個人掐他報仇外，對其他無關連的人會做什麼？」

「對其他人不會怎樣，只會針對仇人。」

「所以鬼魂只要一看到人，都會去傷害他嗎？」

「嗯，不一定。」

我延伸她的思路問：「但是妳騎車被小孩鬼魂拉了一下，妳最初的解釋是『因為祂是鬼，所以祂會傷人』，但事實上，祂是蓄意傷害你的嗎？」

「沒有。祂只是覺得好玩，根本沒想太多。」

「把今天遇到的這家三口靈魂的故事，跟妳小時候所看電視劇裡的鬼魂形象做個比較。這兩者對照之下，妳發現了什麼？或是妳有覺察到跟本來認知有落差的地方？又或是發覺到什麼新的觀念嗎？」

個案語氣輕盈地說：「其實以前我總以為鬼魂是恐怖的、會害人的，是因為電視劇都這樣演，所以我就一直認定只要遇到鬼，生命就會有危險。但今天這個事件讓我看到，他們不是來害人的，他們只是想完成團聚的心願。他們會留在那個車禍地點，其實是因為放不下，而不是為了復仇、害人或作祟。現在回頭想，那些電視劇也只是想警示觀眾，不要心存惡念去做壞事，用報應的情節來強化因果觀念，只是我小時候不懂，直接把『鬼等於會害人』這個概念變成一種潛意識的恐懼認定。」

當個案已經意識到「鬼魂一定會害人」這個信念並非真理，代表這個信念已經開始破相鬆動了，此刻正是我協助個案轉念、重建新認知的最佳時機。我繼續問：「所以在這過程當中，妳發現自己曾被什麼樣的觀念影響了？」

「『鬼魂一定是會害人的』，或者是『祂們的無形存在是恐怖的』——我回想起長輩總是這樣教導我，只要遇到有人過世的送葬隊伍，小孩子一定要迴避，不然會沖煞、倒霉，或是影響健康與運勢。所以我心裡自然認定了，人死後會變成恐怖的無形鬼魂，能不碰祂就不碰，這一切都讓我認定祂們是令人害怕的。但是透過剛才的引導，我發現車禍離世的那一家三口跟活著的人一樣有情有愛，祂們只是想再相見、想完成心願，人跟鬼的差別就只是有沒有肉身而已。我的心變得比較坦蕩了，甚至覺得，鬼魂其實也沒什麼好怕的。」

「所以，妳對於騎車時被鬼魂拉車把手這件事，現在還需要害怕嗎？」

個案笑著說：「不需要啊！」

「那麼妳可以修正的是什麼？又領悟到了什麼？」

「我可以修正的是——當我遇到類似情況時，應該先釐清真相，而不是假裝沒事，選擇逃避。其實，我發現無形眾生真的不可怕，祂們比我曾遇過的人還要更好溝通（笑），祂們其實很乾脆俐落，想法也很赤裸裸，沒有太多外在的偽裝，比人類更直接，反而很好溝通。我領悟到，我真正所恐懼害怕的不應該是祂們，而是內在那些從小被植入的想法，很多時候大人教給我們的觀念未必都是對的，是需要重新去檢視與更新的。」

這場一對一量子轉念引導便結束了。我自己也領悟到一件事：我們往往習慣用「二元表相」來判斷一切，例如好或壞、善或惡等等，簡單說，就是全憑以「貌」取人，卻忽略真正主宰一切的是「心」。無論是人或鬼、是有形或無形，都不是以「具有肉身與否」來決定誰善誰惡，而是當我們看穿這一層執念與錯覺後，也就能看見所有痛苦的根源與出路。一切不在外相，而在錯誤認定中的「心」。

案例三——離世毛孩的量子共振訊息：來自靈界無聲的愛

這是一位飼養了一隻共同生活十七年毛小孩的女主人，在接受一對一量子轉念引導的過程中，真實放下了她內心深處那份無法釋懷的愧疚與思念的真實案例。

她說，毛小孩在十七歲那年因肝腫瘤不治離世，而牠斷氣的那一刻，自己還在上班。當她下班趕回家，打開門的瞬間，就看見牠靜靜躺在地上，一動也不動。「那時候我一眼就知道，牠走了。」

我引導她回溯當時的場景，重現她的行為、感官覺受與內心的感受。

她輕聲說：「我蹲下來，摸著牠的身體，對牠說：『對不起，我沒辦法陪你到最後一刻，因為我要上班……』」（話還沒說完，她已經發出哭腔聲！）我知道，這正是那份深埋已久的罪疚印記需要釋放的時刻。我讓她複述著那句話，她泣不成聲的情緒反應果然印證了我的推斷。

她接著說，當時她聯絡了寵物葬儀社，對方問她要選擇單獨火化還是團體火化？若選單獨火化，家屬必須到場；考量自己無法請假，於是她便選擇團體火化。當葬儀社人員將毛小孩裝進箱子、放上車、揚長而去時，她的心像是被抽空了一塊。儘管形式上她已盡了照顧責任，內心卻無比落寞。

「車子開走後，我回到家開始哭泣。哭著哭著便睡著了。從那之後，我經常畫畫，畫我跟牠的模樣，畫我們在一起的時光，這樣可以讓我覺得牠還在。」

根據我的實證經驗，對於這樣的創傷性經歷，唯有讓個案再次投入、重新經歷當時的場景，才能喚醒她在無意識狀態下由五感官自動化收錄所形成的創傷與愧疚情緒，進一步釋放深埋其中的印記，並轉化這股能量。因此，我再度帶領她回到那一段與毛小孩最後相處的心靈現場。

「牠是那種全身性的癌細胞，我回到家，看著牠，當下的我很平靜……」然而，她說出「很平靜」的那一瞬間，我感受到那是一種言不由衷、內心極度壓抑、強迫自己裝作無事的語氣。

於是我引導她不斷重複「我很平靜」這句話，隨著語句的重複，她的防備抗拒逐漸鬆動，直到她釋放壓抑已久的情緒、哽咽地脫口而出：「我其實很失落……」

「所以，妳的平靜是真的嗎？」

她點頭誠實地說：「不是。」

這是進入潛意識中真實想法及情緒的關鍵點。於是我讓她一面重複當時看到的畫面，一面再次說出「我很失落」這句話。終於，她不再壓抑強忍情緒，以不斷哭泣來釋放那些藏在心底的遺憾與愧疚。

「那妳失落了什麼？」

「我覺得很孤單，沒有人陪伴我了……。還有，我真的很愧疚，沒有好好陪著牠走完最後一程。」

她提到自己摸著毛小孩的身體。我請她說出當下的觸感，她說：「牠的身體是冰冰的，可是毛很溫暖。」

我順勢引導她：「那妳當時內心在想什麼？」她彷彿再次回到毛小孩離世的時刻，蹲在牠身旁，輕撫著牠，心中萬千情緒交織著。

「我很謝謝你，謝謝你陪伴了我十七年。痛苦沒有了，放心去吧，千萬不要掛念我，我會好好照顧自己，好好地跟著菩薩走吧，你是最棒的，媽媽愛你。」

說到這裡，她突然有感而發地說：「其實我那時候只是想要好好跟牠道別，怎麼牠走得這麼快？我為了牠才特地租了一樓的房子，看到載牠遺體的車開走時，我心裡突然有一種……好像解脫的感覺。但那種感覺裡又摻著失落和愧疚的情緒。」

「那讓妳解脫的是什麼呢？」

她沉思一下緩緩回答：「解脫那份我再也沒辦法照顧牠的壓力負擔吧。但我心裡還是希望來生，牠可以再回來，跟我結一段緣。」

我引導個案敞開心，請她不要有任何防心或分析的想法，只需要「感受」，讓心直接融入牠的存在、感同身受牠此刻的感受。我問她：「牠想對妳說些什麼？」

個案毫不遲疑地說出：「對不起！我沒有辦法好好照顧你。」這一刻，我知道為了協助她更深層地釋放這份懺悔的情緒能量，我請她一遍又一遍地重複這句話。隨著一次次地說出，懺悔的淚水靜靜流下。

接著，我引導她轉而去感受毛小孩在聽見她的道歉後，想回覆她什麼？她緩緩說出：「牠一直就在我的身邊。」我想確認，這是否只是她自我安慰的話語，還是從毛小孩的靈魂訊息場中真實接收到的完整感知。

我進一步問她：「妳聽見這句話時，妳有真正明白牠的意思嗎？」她點點頭說：「我明白。」

「那麼，毛小孩對於妳當時無法陪伴牠直到最後的那份愧疚，牠有什麼想法和情緒想回應妳呢？」

「牠感謝我，完全沒有責怪我，牠現在過得很快樂、很開心。」

「現在妳看到牠是開心快樂的了，那麼妳此刻的情緒是什麼？」

「有一點安慰了。」

「那妳覺得牠現在還想跟妳說些什麼？」

「牠叫我不要再擔心牠了。」

忽然，她的語氣變得真切：「但是，我真的很愛你，謝謝你陪伴了我十七年。雖然你不是那麼會對我撒嬌，可是你一直都很乖、很懂事，謝謝你陪著我。最後我想告訴你，我永遠愛你。」

「對於那份牽掛與自責，妳希望牠能諒解的是什麼？」

她一邊啜泣一邊說：「我自責自己不能陪牠走到最後一刻，看著牠斷氣……」

「那牠有責怪妳的意思嗎？」

她搖頭，語氣篤定：「沒有。」

為了讓她從毛小孩那裡真正接收到靈魂層次的訊息，我繼續問：「那牠是怎麼想的？牠沒有責怪妳的理由是什麼？」

個案說出她內在浮現的感應：「牠說牠沒有責怪我，牠知道自己老了，也知道我真的很忙、沒辦法再照顧牠。牠希望我心裡沒有罣礙，所以選擇走了」

我引導她看清毛小孩這背後的完整深意：「所以牠用這樣的方式離開，是為了什麼？」

個案沉思後答道：「我覺得牠在成就我。」

「那妳對這段沒能陪牠到最後斷氣的經歷，原本的念頭是什麼？」

「是對牠的愧疚。」

「從牠剛剛傳達給妳的訊息中，妳覺得這份愧疚是事實嗎？」

「不是。」

「所以牠有責怪妳沒有陪伴牠嗎？」

「沒有。」

「那牠以這種方式離世，目的是希望能夠成就妳，是嗎？」

「是的。」

「所以這代表著牠對妳的一份什麼心意？」

「牠對我的愛。」

「所以當妳瞭解這一切之後，對於當時沒有辦法陪伴牠到最後一刻的這件事，還會感到內疚和自責嗎？」

「不會了。」

「那麼，在靈魂對話的最後，與牠道別前，還有什麼話或心意要讓牠知道？」

個案語帶感激地說：「最後，我要謝謝你，你真的給了我很多很多的安慰。」

對話結束後，我引導她以心念向牠道別，協助毛小孩的靈魂信任接引的光回歸宇宙。

我後續問道：「妳在這段與靈魂對話的過程中，領悟到什麼？」

個案回答：「我領悟到，我的寵物希望我能更愛自己，學會勇敢、堅強、獨立。」

從許多因心愛寵物離世而深陷悲痛、自責與愧疚的飼主個案中，我觀察到他們內心深處總有一股難以言喻的糾結、不捨、思念、孤單，以及深深自責的情緒能量。這些不只是人對動物的情感連結，而是早已跨越物種之間的界線，進入靈魂深處的羈絆與愛。

因此，沒有親身經歷過的人，確實無法僅憑「非飼主」的觀點來評論與理解這份情感的厚度重量。

更進一步言，我從這些潛意識回溯與印記轉念的個案中，同時真切體會到「零點場」的真實性。這個場域不僅以訊息能量振動的形式，儲存每一個靈魂的經驗、情感與記憶，同時也記錄著所有過去、現在與未來的可能性與訊息。而在這場域中，毛小孩或喵星人的靈魂意識，並不會因為牠們不能「說人話」或屬於「非人類物種」而有所隔閡。牠們的訊息、情緒與靈魂意願，同樣清晰地存在於這片訊息流中。

透過飼主的潛意識連結，不需語言，就能與牠們的靈魂意識共振、對話，接收那來自牠們內在深處的訊息——無論是對無法陪伴的原諒、對過往陪伴的感謝、對放手的祝福——皆能進行心靈層次的交流與回應。

正如我在一次次引導個案回溯中所見證的——眾生皆有意識，愛與意念的連結，從來不受語言、物種或空間時間所限。

案例四—向亡父靈魂道出未盡之言：靈魂的寬恕，是最深的解脫

這是一位年近四十歲的女性，在接受一對一量子轉念引導後，終於放下多年來壓在心頭的沉重——那份對離世父親深深懺悔卻來不及當面道歉的罪疚，以及難以言說的思念與不捨。

我請她先閉上雙眼，深呼吸，逐步進入放鬆狀態。接著，我開始引導她回溯至父親離世的那一刻，讓她再次經歷當時所有的細節。這麼做的目的，是為了讓她潛意識中長年封存的印記得以顯現，以及理解它們如何悄然影響著她日常中的情緒、言語與選擇。

當她回溯到父親病危的那一幕，情緒如決堤般湧現，話未出口，早已淚流滿面，雙手頻頻拿著衛生紙拭淚，哭聲哽咽。這種撕裂般無法言語的情緒，對於也曾在母親離世當場痛哭失聲的我

來說，是如此熟悉而真切，我完全能感同身受。

我柔和地對她說：「我明白妳現在的心情，我們一起經歷這個過程，好嗎？」她點點頭，表示願意敞開並信任我的引導。

接著，我請她重新回到父親臨終前的那一刻。她說：「爸爸的眼睛睜得很大，嘴巴也張著……像是喘不過氣的樣子……」（話語中斷，隨之而來的是深深的哭泣！）

我追問：「然後呢？」

她哽咽著答道：「他……沒氣了……」

根據我多年接觸這類因摯愛離世而深陷創傷與罪疚情緒的個案經驗，當他們回溯到當時的現場時，心靈總像是被一刀一刀割開，情緒難以承受，言語斷續。雖然這樣的反應是人之常情，但也容易讓潛藏於事件中的潛意識印記被片段隱蔽，成為巨大的漏洞。

因此，我會以堅定的態度引導個案，協助她們以更完整的敘述，重新拾回當時的感官與情緒細節，讓潛藏在深處的印記真正浮現，為釋放與轉念鋪出道路。

我引導她再次進入那個關鍵瞬間，母親緊張急促地呼喚她，聲音中藏著即將失去爸爸的恐慌。當時，她正準備離開父親的臥室，才走沒幾步，母親焦急的聲音就從背後傳來：「快拿氧氣瓶來！」她的身體比頭腦更快地做出反應，下意識衝向牆邊，抱起氧氣瓶奔回床邊，迅速將氧氣罩扣在父親口鼻上，打開氣閥。但父親依然掙扎著，像是無法將氧氣吸入肺中。下一秒，她看見父親的雙眼睜得大大的，嘴巴張開。然後，他靜止了，停止了呼吸。

在回溯這段記憶時，從個案意識中浮現的印記畫面、印記話語、印記觸感，到那一刻植入心中的印記感受與想法等細節，我都會引導她進行「印記訊息轉化」。個案此刻多次情緒潰堤，放聲痛哭，不斷地哽咽著說：「我以前真的不該那麼兇他，不該用那麼不耐煩的語氣，我真的很後悔……」

這樣的愧疚自責，很容易讓人陷入情緒漩渦之中。為了不讓她被情緒卡住，能繼續往深層回溯下去，我繼續以問句指令引導她：「那接下來發生了什麼呢？」她語氣哀傷地說：「後來我們確定爸爸真的走了，媽媽離開房間打電話聯絡殯葬業者，我就一個人留在爸爸的房間。」

「後來的發展呢？」

「我真的太捨不得爸爸了，我就上床躺到他身邊，我只是想……再陪他一下。」

「當時有做些什麼或接觸到什麼嗎？」

她說她伸手握著父親的手，那手已逐漸變硬，但還殘留著一絲微微的溫度。當時她心裡真的不敢相信這個事實——爸爸真的走了。

我深知，當個案回溯至這些充滿悲傷、無助與失落的片段時，其意識狀態如同心靈遭遇重大打擊的瞬間，落入深層的無意識波動中。那是一種思緒混亂、情緒崩潰、行為近乎自動化的狀態。在此狀態下，任何觸覺所感受到的細節，無論是握著父親手心的溫度、感受到身體逐漸變冷的僵硬，或是視覺中父親睜開雙眼卻無神的神情，甚至是空氣中凝滯的氣味與沉默，都會與當下那股巨大悲傷的情緒一同被完整地「打包」，成為潛意識的印記。

只要日後生活中再度遭遇類似的「觸感場景」，例如再次觸碰到某種冰涼的皮膚、面對至親病重的畫面，甚至只是聽見某種急促的呼喊聲，潛藏在記憶深處的情緒印記就會瞬間被「啟動」，喚醒的不只是感覺，還有當時那份巨大的悲痛、愧疚與無能為力。

這也是為什麼，許多個案會在某些看似不明所以的時刻突然情緒崩潰，明明眼前的人事物並無實際衝突，卻像被什麼東西觸發了。事實上，那不是「突然」，而是潛意識裡的印記能量訊息早已埋伏多年，只是在這一刻被重新引燃。

因此，在引導過程中，我會溫和且堅定地陪伴個案一次次重回那段記憶裡，幫助她將潛意識中的畫面、聲音、觸感與情緒具象化、說出來、面對它。唯有這樣，個案才能真正承認：那些記憶從未在心裡消失，也從未被放下。

一旦個案願意正視、承認這些印記確實存在於內心深處的事實，就等於開始鬆開了那個因長年抗拒而緊鎖著靈魂的情緒牢籠。

接著個案提到，後來禮儀公司的人員前來，將父親的遺體移至專用車上，送往殯儀館，一連串的後續程序便如機械般展開——入殮、辦理公祭、火化、晉塔。

我的經驗告訴我，這些程序雖是家屬在哀傷中必須完成的事，但在潛意識層面中，「入殮那一刻」常成為烙下印記的「視覺記憶點」之一。

因此，我引導個案再次回到她凝視父親遺容入殮的那刻，細細感受當時湧現的情緒與想法。果然，個案立刻放聲痛哭：「我真的好捨不得爸爸離開，雖然心裡很不願意相信這是事實，但是爸爸真的走了……」我持續引導她反覆回到那個畫面，協助她完整看見、感受、表達這些潛藏在記憶深處的印記畫面與情緒振動，讓長年壓抑未釋的情緒得以自然釋放。

接下來，我知道引導她與已離世父親的靈魂意識進行連結與對話的時機到了。

我引導個案回溯到她目睹父親停止呼吸的時刻，讓她專注觀想爸爸的模樣就站在自己面前。此時，我看見她的臉龐早已淚水潸潸，再次被觸動。我便提示她：「趁這個機會，將那些妳來不及說出口、卻深藏心底想讓爸爸知道的話，毫無保留地說出來吧，讓爸爸知道。」

彷彿爸爸真的就在眼前，個案開始哽咽傾訴。她提到那次在客廳，明知道爸爸因重病而說話困難，卻仍因一時的不耐煩，以語氣差、態度冷漠的方式回應爸爸的需求。她說從那天開始就一直深感懊悔與愧疚，一邊哭泣，一邊不斷地說：「爸爸，對不起，真的對不起！」那聲音裡，充滿著多年來壓抑的自責與自我譴責。

我進一步引導她敞開心門，連結父親的靈魂意識，聆聽父親對這段懊悔的回應。

她感覺到爸爸像是摸了摸她的頭說：「女兒，我了解妳的心情，也能體諒妳當時的處境，我從沒怪妳。」當她說出這段對話時，我能從她哭聲的頻率轉變中感受到，那是一種孩子原本以為自己會被責備，卻意外獲得原諒與理解的釋然與感動。

我順勢引導她問：「妳還有什麼想對爸爸說的嗎？」

她抽泣說道：「我真的好想爸爸、也很愛爸爸，不知道爸爸現在在另一個世界過得好嗎？」

我再次帶領她進入與父親靈魂意識的頻率共振，接收父親想回應的訊息。

她停頓片刻後說：「爸爸微笑著對我說他現在很好，身體也不再受病痛折磨，叫我不要擔心。」

為了讓她對爸爸回應的訊息更加放心，我追問：「妳再感覺一下，爸爸說的，是他現在實際的狀況，還是只是為了讓妳安心才這麼說的？」

她露出短暫而專注的神情，片刻後輕鬆地說：「是真的，不是為了讓我放心說的，爸爸真的沒事了。」說到這裡，她臉上露出了欣喜的微笑，補充說：「太好了，爸爸康復了，爸爸完全好了！我現在看到的爸爸，是他還健康時期的模樣，他真的康復了，整個人很有精神！」

接著我問個案：「妳這麼深深思念著爸爸，爸爸想要告訴妳什麼訊息呢？」

她幾乎不假思索地脫口而出：「爸爸一直都在。」

這句話一說出口，我立刻引導她：「那妳能再進一步感受一下，爸爸說的『一直都在』，究竟是什麼意思呢？這句話裡藏著什麼訊息，是爸爸想讓妳知道的？」

為什麼我會這樣追問？這其實與我多年在一對一實作中所累積的經驗，以及對潛意識與量子場域結合的深層理解有關聯。

理由一：當個案進入與靈魂意識連結的狀態時，雖然她接收的是來自「零點場」的訊息，但這些訊息並非單一語句，而是「訊息能量壓縮檔」，裡頭混合著影像、聲音、感受、意念與時空片段。而當個案試圖透過語言將這份「訊息包」說出來時，往往會因自身的「翻譯能力」或意識開展程度，而只先看見「壓縮檔的檔名」，就像現在她說「爸爸一直都在」，但可能還沒「解壓縮」其中真正完整的訊息內容。如果此時沒有適時引導她繼續深入，她就會停留在表面的文字，而錯失訊息真正要帶來的領悟與轉念。

理由二：另一種可能是，個案其實已經完整「解壓縮」這份訊息，只是習慣以最簡短的語句表達，也就是明明已清楚看見整個檔案內容，卻只講出「檔名」。語句看似簡單，但背後蘊藏著她已吸收與理解的全貌，只是她沒有透過語言說明。

無論是哪種情況，在她還沒說出口前，真相同時存在，彷彿「薛丁格的貓」實驗一般，真正的答案要等她打開心靈並說出來，我們才能知道那是「未解壓縮」的空殼語句，還是「完整領悟」的化身之語。

於是我問她：「妳能明白爸爸所說的『一直都在』，真正的意思是什麼嗎？」

她點點頭說：「爸爸的意思是——他和我之間，沒有真正的分離。我想念他的時候，他就在我的心裡，也在我的身邊。」

這回答聽起來已經觸及了訊息的核心頻率，但為了確認她是否真正「解壓縮」至意識深處，我再進一步引導她：「爸爸說的『一直都在』，是否表示你們之間的對話與相聚，不再依賴過往那種有形體、可觸摸、靠五感官接觸的方式，而是透過意識與心念，隨時可以穿越時空，達到相見與交流的狀態，是這個意思嗎？」她毫無遲疑地點頭了。

這段引導歷程，對於一位痛失至親的個案而言格外關鍵。因為至親離世所帶來的深層創傷與愧疚，往往並非單純源自事件本身，而是根植於人類潛意識中根深蒂固的「二元對立思維模式」——例如：生與死、有與無、存在與消滅。

這種思維會讓人深信：只要一個人肉身死亡，便意味著他身死道消、從宇宙中被抹除殆盡，不僅失去了形體，更失去了互動與連結的可能性。因此，對仍活著的人來說，死亡不只是失去，更是永遠無法重建關係的「終結」，這份恐懼信念便在潛意識中烙下深深的失落、懊悔與無力的印記。

然而，若能突破這種二元認知的限制，就能進一步體悟諾貝爾物理學獎得主羅傑・潘洛斯（Roger Penrose）與麻醉學家哈梅羅夫（Stuart Hameroff）共同提出的理論——人的「靈魂意識」並非僅存在於腦部神經結構中，而是處於一種量子疊加態，既存在於大腦，也同時分布於整個宇宙。即便人死後，也不會消失，只是以另一種形式與宇宙交融。

這種「靈魂是量子場中非局域化意識」的觀點，使我們得以理解：即便至親肉身不在，他的意識仍可透過量子糾纏與我們共振相通。這不再只是靈性的信仰，而是一種可經驗、可驗證的實相。當在世者能以此頻率與亡者靈魂連結，親身體悟「死亡並非斷絕」，那麼，對永別的痛苦及恐懼也將真正放下。

既然個案已在與父親的靈魂對話中，親證了父親的靈魂意識仍在，並與自己同在，那麼，進入「相互道別」的時機也就來臨了。

我引導她：「妳可以再問問爸爸，他還有什麼話想說的嗎？」

個案靜默片刻後說：「爸爸說他沒什麼特別要再說的，只希望我日子過得好、開開心心的，他就會很安心。」

我再繼續問：「那妳想要對爸爸說什麼呢？」

她點點頭說：「我會的，我會讓自己好起來。看到爸爸現在沒有病痛了，我就很開心。」

「妳心裡最後，還有沒有什麼想再告訴爸爸的？」

「我只希望爸爸能夠在那個世界跟著佛祖好好修行，也能放下對這個世界的一切牽掛。」

與父親的靈魂意識對話至此，彼此的糾結與羈絆已然放手，相互祝福與道別的時刻到了。

我引導個案，跟隨我一句一句地說出這段靈魂道別的語句：

「爸爸，感謝您曾經來到這個世上，與我相遇。無論我們之間如何相處，那都是宇宙的安排，讓我們從中體驗與修正，也因此豐富了彼此的生命。我們每個生命體終會結束在世上的體驗，回到永恆平安的家，所以，請您不必對我有任何牽絆。如今，道別的時刻來臨了，踏上回家的路途吧！請放心跟隨光的帶領，祂將引領你回歸佛祖的懷抱。我會好好生活，再見了，爸爸，祝福您永遠平安。」

個案隨著我一字一句說出道別文，臉上浮現祝福與喜悅的表情。我再進一步引導她：「現在，想像有一道白光，從天空灑下來，照耀在爸爸的身上。爸爸正面對著妳，站在這道光柱之中，全身閃耀著……接著，看見爸爸跟隨著這道光，慢慢地往天空升起，離開這個時空。」

完成後的這一刻，我知道，這不僅是一場與亡父靈魂的對話，釋放了那深埋心底許久的愧疚外，更是讓個案親自察覺、體悟曾深信不疑「死亡就是永遠失去、再也無法彌補、死亡即終結」絕非事實的最佳時機。

我接著問：「從剛剛與爸爸的對話中，妳覺得自己真的再也見不到他了嗎？真的永遠失去他了嗎？」

個案搖頭說：「沒有永遠失去他，他還在。」

「那妳剛剛和爸爸的對話，是透過他有形的身體、用嘴巴發出聲音讓妳聽見的嗎？」

「不是。他根本沒有張嘴、也沒有動嘴唇。就像是心電感應……爸爸完全懂我的情緒和想法，我也能接收到他的心聲和情緒。」

我繼續追問：「所以你們之間的溝通，是靠日常所熟悉的語言、表情或肢體進行的嗎？」

個案毫不遲疑地說：「不是，是透過意識、透過心念對話的！」

「那麼，對於爸爸離世時，妳曾經那麼深的悲傷與愧疚，在剛剛的靈魂對話之後，有什麼領悟？」

個案沉思了一下，說道：「我領悟到——當我想念爸爸時，他其實就在我身邊。他沒有真正離開，只是不再用我熟悉的樣子出現。我們不是永別，而是換了一種方式繼續連結。還有，我想起當時在客廳的事情，我明知道爸爸因為生病，身體不方便、講話困難，我卻沒有體諒他，反而對他發脾氣。事後雖感內疚，但沒有及時說出口，竟就這樣得過且過，結果變成心裡的一根刺。直到他斷氣離世，我才真正承認這份愧疚。這讓我明白，心裡有任何內疚和虧欠，都不能輕忽裝沒事，一定要及時道歉、把話說開。不然，有一天再想彌補，可能就追悔莫及了……」

看著她表情變得柔和、安定，我說道：「領悟完了，這次的引導就到這裡結束，妳可以慢慢睜開眼睛。」

個案睜開雙眼的那一刻，臉上的神情充滿溫柔，帶著從內在湧出的釋懷與慶幸。

在我親自實作「量子轉念引導技術」眾多與至親離世相關的一對一個案中，我逐漸觀察到一個共同現象：真正讓人放不下的，從來不是家產如何分配，也不是求平安、求發財這些世俗願望，而是那些曾經交纏的情感印記——愛、愧疚、悲傷、怨懟、不捨、後悔、歉意……正是這些來不及說完、未竟的情感與關係，深深鎖住一個人內在意識的根本。

如果能引導個案深入潛意識的印記記憶，重新看見當時未竟的情感與關係，並從中獲得全新的領悟，那麼意識便能鬆開執著、釋放痛苦，不僅得到自由與平靜，也能將這份意識的覺醒，透過能量振動，記錄進「零點場」。如此一來，生者與亡者便能真正互相放手，彼此獲得靈魂的平安與自由。

這正是「量子轉念引導技術：生死告白道別轉念法」的核心目標。

我自己在那麼多與至親離世相關的一對一個案回溯中，以及親身歷經父母離世的生命課題，每個人心中對離世至親充滿著未竟的話語，而有深切的感觸。我常在每逢除夕、清明節、端午節、中秋節等祭祖節日，會想起一個多年來深埋心底的疑問——

我們對祖先的敬拜，真正的本質是什麼？

除了緬懷先祖（離世父母）外，大家在祖先靈前最常說的，不外乎是：保佑孩子健康、考試高中、事業順利、財源廣進，甚至賜姻得良緣……這些祈願的話語，彷彿把祖先當成了許願池、萬應公，每年都要交辦任務，列交辦清單，彷彿他們死後還得繼續為家族效勞、操心一輩子未完的責任。

但我不禁要問：這真的是「孝道」嗎？這真的是「飲水思源」、「慎終追遠」的本意嗎？我們口口聲聲希望親人「放下牽掛，安心往生」，另一方面卻不斷在靈前懇求加持、分憂解勞。這樣，他們又如何能放下世間的罣礙？又如何真正走上那條光明的歸途呢？我怎麼想、怎麼看，都覺得這兩者本身存在著矛盾。

我們這些在世的子孫，早已長大成人，有的甚至已為人父母、祖父母。但祭祖時，卻仍像個未斷奶的媽寶，不斷向已離世的長輩伸手索取，保佑這個、保佑那個。這到底是「孝」，還是「情緒綁架」？我們說要「光宗耀祖」，但若連自己的生命都無法負責，反而讓先人承擔，我們的「成熟」究竟又體現在何處？

當習俗淪為儀式性的重複，而失去了與靈性本質的連結，就容易流於形式與迷信。供品與紙錢原是「意念」的象徵，是「恭敬」、「感恩」、「祝福」的能量載體，而不該淪為取悅或交換利益的籌碼。

我深信，真正的慎終追遠，不在於祭品的豐盛，而在於意識的清明；不是用嘴說的感恩，而是靈魂層次的對話與祝福；不是把先人當「神明代辦」，而是視他們為已圓滿功課的靈魂，祝願他們脫離人世牽絆，安然歸返本源之光。

「積善之家，必有餘慶；積不善之家，必有餘殃。」《易經・坤卦・文言傳》中的這句話，呼應了我從眾多至親離世個案中所領悟到的：祭拜不是索求，是感恩與祝福；不是依賴，是成熟。

唯有這樣，才能真正為離世者祝禱、也為在世者轉念，這才是「活著的修行」、「死亡的圓滿」——「生死兩相安」的真義。

案例五—嬰靈的臨在：一堂給母親的靈魂約定與生命教育課

這位個案是一位育有十歲女兒和七歲兒子的年輕母親。她預約前來接受我的一對一量子轉念引導，原本是希望找出並轉化內在「不自信」的印記。然而，在進行潛意識回溯印記的時間軌跡過程中，我們發現有一條同類型印記的能量連結，指向她不久前因意外懷孕而進行墮胎的事件。因此，在協助她處理「不自信」的核心印記之前，必須先轉化這起墮胎事件所深植於潛意識中的罪疚印記。更重要的是，引導個案與那個未能誕生的嬰靈意識進行深層連結與對話，透過這樣的交流，獲得嬰靈的寬恕與祝福。

唯有如此，個案才有機會領悟到過往未被覺察的偏執信念，理解它們是如何造成影響，進而才可能真正完成意識的轉念與釋放，從內在重獲自由與力量。

為什麼需要進行這兩道程序？無論這起事件發生的原因在理性層面上是否合理或合法，對於經歷過墮胎或流產的男女來說，內心深處往往會留下無法言說的良心不安與自我譴責。

特別是女性，這種經歷所帶來的心靈衝擊與潛意識印記，更為深刻而持久，往往形成無形的創傷，影響其之後的情緒、關係與自我價值感。因此，這兩道程序對於協助個案走出內在陰影、重拾心靈平靜與完整自我，極為關鍵。

我引導個案進行潛意識回溯，如同時光倒轉，回到事件發生現場。她敘述自己發現月經已經兩個月沒來，於是先生主動提出驗孕，兩人一同前往藥妝店購買兩支不同廠牌的驗孕棒。測試結果一致，皆顯示懷孕。

當下，個案心裡閃過疑惑：「明明有吃避孕藥，怎麼還會發生懷孕？」她也對先生說：「你之前不是說想再要一個小孩嗎？」

兩人在交談中各自表達了心中的憂慮。他們談到，好不容易兩個孩子都上小學，生活總算能鬆一口氣，無論是日常起居或出國旅遊，都不必再像帶著嬰幼兒時那般費心費力。假如又迎來一名新生兒，生活節奏將會被拉回到過去緊繃的照顧模式中。他們完全沒有心理準備，感到複雜且矛盾，也無法立刻決定是否要生下這個孩子。

幾天後，在家中客廳，女兒在玩耍中吵鬧得很大聲，對個案的出言制止，頂嘴頂得厲害。個案大聲責備女兒，先生忽然對著她吼道：「妳教育女兒一定要這麼吵嗎？」這句話讓個案內心竄起一股怒火，當下心念閃過：「現在的生活已經夠亂了，我根本沒辦法再多照顧一個孩子。」於是她帶著不滿的情緒對先生說：「我不要生這個孩子了。」

我問個案：「那妳先生聽到妳這麼說後，有什麼反應？」

她回答：「他也用不爽的口氣回我：『那就不要生啊！』」

隔天，她馬上去婦產科診所掛號，直接告訴醫師決定不要這個孩子。經過檢查後，醫師詢問要選擇手術流產還是藥物流產，她選擇了後者。醫師開立了三次份量的藥，並仔細交代服藥時的注意事項。個案當場就服下了第一劑，隨即回家。當晚開始腹痛，但尚未有出血排出的現象。

在進入與嬰靈意識連結對話前，必須先處理並轉化這件墮胎事件所植入潛意識中的印記，否則個案可能會因潛意識中「無顏面對孩子」的逃避情緒，無法順利進入意識連結與對話的程序。

但在她回溯至客廳那段因教育女兒而與先生起爭執、進而決定墮胎的情節中，我敏銳地察覺到觸發個案潛意識印記的，是一種強烈的感官情境。當時在情緒激動下，她所做的「果斷決定」，其實是一種無意識的意氣用事，而非真正成熟穩定的抉擇。

我引導她將意識聚焦在那個關鍵時刻——她看到先生面露憤怒表情、並吼出那句：「妳教育女兒一定要這麼吵嗎？」的瞬間，經過數次反覆體驗那段情境後，我問她：「這個表情與這句話，會讓妳想起過去哪件印象深刻的事情？」

這時，個案突然沉默不語。我關切地詢問她：「妳怎麼了？為什麼停下來了？」（根據經驗，當個案在回溯中忽然陷入沉默，很可能是潛意識中有某段印記浮現，使她的注意力被潛在訊息吸引而產生阻滯，此時需要確認原因，才能對症引導。）

果然，她回應說：「只要有人對我吼，我就會像啞了一樣講不出話，我只能感覺到對方的音量很大，但根本聽不見內容，就好像我的耳朵被什麼東西罩住了一樣……」

我引導她進一步聚焦於那種「耳朵被罩住」的感覺，同時問她：「這時妳還看見什麼？」這種做法，旨在善用潛意識中印記的多重記錄（包含感官、畫面、情緒等），協助個案喚回被壓抑或遺忘的情境及關鍵訊息，進而找出正確印記內容的來源。

個案說起小學一年級時的某個記憶畫面。當時，她正坐在客廳寫數學作業，因為題目寫錯答案，身旁的父親看見後，氣憤地對她大聲斥罵：「妳怎麼這麼笨，都教不會？弟弟教一次就會了，妳實在有夠笨的！」說到這裡，個案潸然流下兩行淚，那股長年壓抑的委屈與受傷情緒被深深觸動，自然而真實地流露出來。

她邊哭邊說：「我覺得自己很糟糕，不被爸爸認同，覺得弟弟比我好，爸爸會對我生氣，都是我的錯、我不好。我很害怕自己學不會……這種情況經常發生，久而久之，我只要遇到學不會的事情，就會覺得自己很沒用，很怕被爸爸罵。為了逃避，我開始在心裡告訴自己：只要不去聽那句罵我笨的話，就不用去面對了。」

這種心境逐漸演變成一種內在慣性：只要遇到對她發怒或指責的聲音，下意識便自動關閉接收訊息的機制，變成只聽到音量，卻聽不清內容，甚至事後遺忘對方說過什麼。這正是潛意識印記在防衛機制下所形成的投影模式，也就是我們在量子轉念引導技術中所謂「核心信念」的偏執性認知觀點。

要解除這種推論執念，不能靠外力強行灌輸新觀點，而是要透過引導，讓個案自行發覺到這個內在推論，其實是來自被斷章取義的印記視角——她以為只要「不聽到」就「不會受傷」，卻未意識到這也限制了自己面對與成長的能力。

當個案能意識到這項推論是建立在片面的情節上，而不是對完整生命經驗的真相做出合理理解，她才有可能真正誠心地、自發地改變自己對事件的認知觀點。這樣的覺察與改變，才是內在真正產生「轉」化的信「念」（轉念），而非只是口頭或表層的「正面思考」——這便是量子轉念中深層轉化印記所追求的根本意義。

我引導個案進一步連結當時的情境，讓她以意識接收當時父親內在的意圖與情緒。個案說，她感受到父親之所以生氣，是因為認為她寫數學作業時，只是敷衍了事，根本沒有用心思考，所以才用責罵的方式糾正她的態度。

我接著問她：「妳當時真的只是在敷衍嗎？」

個案回應說，其實當時在寫作業時，只要遇到不會作答的題目，心裡就會非常慌張，因為害怕答不出來會被父親罵。她說：「如果我空著沒寫，爸爸一定不會放過我，所以只好亂寫個答案，希望能混過去，不被發現。」

我又問她：「那這樣有成功讓妳避免被罵嗎？」她搖搖頭說：「沒有。」

於是我對她說：「既然坦白說不會寫會被罵，亂寫的結果一樣還是會被罵，那妳覺得，這樣還值得冒險亂寫嗎？」

個案沉默一下後回答我：「如果結果都一樣，那我寧可一開始就誠實地說我不會寫。至少心裡比較踏實，不用擔心爸爸會不會發現我在亂寫。就算當下能僥倖混過去，還是要擔心隔天作業被老師批改出錯後，回家給爸爸簽名時會被拆穿，到頭來還是得面對。」

這一段回溯過程，讓個案覺察到自己當年所建立的行為與信念邏輯，出自對懲罰的恐懼與對自我價值的不確定——不是「笨」，而是「慌」；不是不用心，而是太害怕。這是重建自我認同與安全感的重要起點。

我再度引導個案進入父親的意識訊息場，深入理解當年父親真正生氣的想法是什麼。個案說：「爸爸生氣的不是我不會寫作業，而是我馬虎行事的態度。」我順勢引導她，以意識狀態對著父親誠實說出當時自己是因為遇到不會作答的題目，不知道該怎麼辦，才會亂寫答案。接著，我請她傾聽父親會怎麼回應。

她答道：「爸爸會先問我是老師沒教，還是我沒學會解題的方法。」

「那妳覺得自己是屬於哪一種情況？」

個案面露意外的表情，彷彿被觸動到什麼，然後說：「不管是哪一種，爸爸的內心其實是在想，要怎麼幫助我解決作業的問題。」

我立刻把握這個推翻個案原先偏執認知的契機，順勢問她：「妳感覺一下，如果爸爸知道妳真正的原因是不會寫這題，而不是敷衍了事，那他還會發脾氣嗎？」

個案搖頭說：「不會。」

「那麼，妳剛剛與爸爸的這段對話，和妳一直以來相信『爸爸是因為我不會寫作業才罵我、討厭我』的認知，兩者是一樣的嗎？妳看見什麼了？又領悟到什麼？」

她眼中泛起淚光，緩緩地說：「我發現，原來爸爸並不是真的認為我很笨，也不是因為我不會寫就討厭我。是我自己太害怕被責罵，就亂編答案，反而弄巧成拙，讓爸爸誤會我不認真、只想著要遊玩、馬虎不努力。」

這層領悟，為她的意識轉化打下了基礎，也為第二道程序「與嬰靈意識對話進行轉念」，提供關鍵性的輔助價值。

接著我引導個案將意識焦點拉回到服用第一次墮胎藥的時間點，繼續經歷後續的情節。個案說：「那天晚上吃下第一份藥時，我有跟肚子裡的孩子對話，感覺孩子對我說他很痛，我一手摸著肚子，同時對孩子說：『我會陪著你。』但此刻在老師您的引導下，回溯這段過程時，我感覺到孩子好像有話想對我說。」

我問個案，肚子裡的孩子想告訴妳什麼？

個案說：「媽媽要勇敢一點！」

我接著問她，是否能清楚知道孩子說這話的真正意涵？

個案回答：「那句話是指，我當時明明知道懷孕會延伸出新生兒影響生活步調的問題，但我卻選擇視而不見，內心因為害怕，導致沒有勇氣和先生好好溝通清楚孩子出生後可能會面臨的問題，反而自作主張地選擇拿掉小孩。肚子裡的孩子想告訴我的，就是這件事——我應該要勇敢一點。」

個案說出這段話時，神情中流露出一絲慚愧。

接下來，我引導個案將焦點回溯到後續的發展。她說：「吃下第三份藥的那一天，我和老公帶著兩個小孩一起到百貨公司逛街吃飯。剛到沒多久，腹部就開始絞痛，然後感覺有液體順著腿間流下來。低頭一看，發現地板上流的是血，我立刻明白發生了什麼事。我和老公拿出隨身包裝的衛生紙擦地板上的血，但根本無法應付那樣的流血量。於是，我對先生說：『孩子交給你照顧，我先去洗手間處理一下。』」當她走進洗手間，在馬桶裡清楚看見體內排出的血塊後，那一刻她知道，腹中的孩子已經流掉了。

引導至此，雖已出現讓個案與那孩子靈魂意識對話的時機，但這段經歷中，仍存在兩種類型的印記，烙印在個案潛意識裡：第一類，是因服用墮胎藥產生腹痛所留下的創傷情緒印記；第二類，則是親眼目睹從體內排出的血塊，清楚知道那正是自己墮胎掉的嬰孩，所引發的罪疚印記。

因此，必須先回溯並經歷這兩類印記所記錄下的感官與情緒內容，在潛意識回溯狀態下逐步完成轉化。唯有如此，個案才有可能坦誠面對那位曾被自己親手拿掉的孩子，進而展開靈魂意識的連結與對話。

在轉化完這兩類印記內容後，我再次帶領個案回溯至親眼目睹血塊的那一刻。個案幾乎脫口而出地說，那塊血塊大約四公分大。我引導個案觀想那血塊出現在面前，並告訴她：「在妳面前的，就是妳拿掉的孩子。妳現在可以當面對他說妳想說的話。」

個案帶著濃濃的愧疚語氣說：「對不起，我沒有保護好你。」根據我一對一實作的經驗，個案若能誠懇地說出道歉，確實是開始承擔責任的第一步。然而，這對於釋放深埋心底的愧疚情緒能量來說，仍稍顯不足。

因此，我會進一步引導個案多次複述這句道歉，讓內心的愧疚情緒能量，隨著每一次的表達而逐漸被喚醒，並釋放出來。接著，我引導她的意識去連結孩子的靈魂意識，感受孩子對她的道歉有什麼想法與情緒上的回應。

個案流著淚、神情滿是愧疚地說：「孩子感到生氣，氣的是媽媽做出拿掉他的決定太草率了，沒和爸爸好好商量就自己任性做了決定。他內心有種被媽媽遺棄的感覺，也感到無助和悲傷，因為他無法自己決定是否可以來到這個世界。他很渴望能有姊姊和哥哥……老師，我現在的女兒跟兒子是期待他的到來的，而他卻來不了了，這讓他感到很遺憾。」

我繼續引導個案與孩子的靈魂意識進行如對話般的交流。「面對孩子剛剛對妳所說的話與感受，妳此刻想要對他說什麼？」

「對不起，孩子，我真的很害怕，覺得自己還沒準備好迎接你的到來。我擔心你會打亂我們目前的生活節奏，影響整體生活品質……」

「孩子聽了妳這段話，有什麼回應？」

「孩子說，他其實非常愛媽媽，原本滿心期待能夠來到這個家庭。但他同時也感到很害怕，因為媽媽做了拿掉他的決定，並沒有遵守當初曾說『不要拿掉孩子』的承諾，讓他覺得媽媽說話不算話。」

個案露出一抹無奈的神情，低聲說：「對不起，我以為我有吃避孕藥，就不會懷孕了。」此時，個案突然告訴我，腦海中閃現一個骷髏頭的畫面，她感到困惑，不知道這是什麼意思。

根據我在實作經驗中的理解，潛意識中浮現的景象、畫面、聲音，不僅包含原有記憶與印記訊息，也可能是另一種形式的「意象」，表面上或許與回溯的事件無明顯連結，但實際上蘊含著潛意識欲傳遞的重要訊息。因此，若不解讀這個意象的真正涵義，個案的意識焦點就容易停滯在「那是什麼？」的困惑裡，影響後續回溯進程的順利推進。

我接著引導個案深入確認：「這個骷髏頭畫面為何會突然出現？與孩子剛剛所說的話有關聯嗎？」

個案臉上閃過頓悟的神情：「黑暗與光明，其實僅是一線之隔。」她接著說道：「因為害怕這個孩子的到來會打亂目前的家庭節奏、影響生活品質，所以我早就把這件事定義為『痛苦』。於是，我的意識焦點就放在如何以墮胎來擺脫這份恐懼，卻因此沒能履行曾說『不會拿掉孩子』的承諾，成了說話不算話的媽媽……」她說這句話時，表情帶著真誠的懺悔，坦然面對自己過去的選擇。

我以同理心的語氣，引導個案接收來自孩子靈魂意識的想法訊息。孩子說：「內心的黑暗，其實正是恐懼的一部分。但若以為只要消滅那個讓自己感到害怕的對象——像是我——就能解決問題，其實並不是真實的。當你為了阻止內心的恐懼而選擇拿掉我，恐懼並不會因此消失。它只是換了另一個形態，從『孩子的出生會打亂生活』的恐懼，變成了『對孩子的愧疚與失約』的痛苦。恐懼，仍然存在於你心裡。」

我接續孩子所傳達的訊息，問個案此刻想對孩子說些什麼？

「我要誠實承認，我的情緒反應實在太過激烈了。我真正想對孩子說的是——對不起，我沒有把你當成一件重要的事來勇敢面對，反而先被自己的恐懼吞噬，讓恐懼主導整件事情，才做出導致家庭混亂的決定和行為。我知道，該由我負起的責任，是坦誠面對和勇於承擔。孩子，我真的知道自己錯了。」

我接著問：「那孩子願意寬恕妳了嗎？」

個案點點頭，語氣平靜地說：「孩子說，媽媽誠實面對真實的問題，也沒有推卸責任找藉口，這樣他可以寬恕我了。他說，他的目的已經達成了，願意與我道別，準備離開了。」

根據我的經驗，當對話發展至此，表示被拿掉的孩子靈魂意識，已不再對母親存有怨懟或憤怒；而母親也對這個孩子以及墮胎一事，得到內在的釋懷與罪疚的解除。這時，便是進行生死道別與互祝平安的時機。

我開始引導個案，跟隨著我一句一句地說：

「親愛的孩子，感謝你曾經來到這個世上，與我相遇。無論我們的相處是如何樣貌，那都是宇宙安排，讓我們從中體驗與修正，並豐富彼此的生命。我們每個生命體終會結束在世上的體驗，回到永恆平安的家。所以，請你不必對我有任何牽絆。如今，道別的時刻來臨了，踏上回家的路途吧！請放心跟隨光的帶領，祂將引領你回歸宇宙的懷抱，我自己會好好的過生活，再見了，孩子，祝福你永遠平安。」

在一字一句說出這段道別文的過程中，個案浮現慈愛與溫柔的神情，流露出對孩子深深的祝福與無盡的愛。

我繼續引導她：「現在，請妳想像，有一道白光從天空灑下，照耀在孩子的身上。孩子面對著妳，全身在這道光柱中閃閃發亮。接著，請妳想像孩子緩緩跟隨著這道光，逐漸向天空升起、離去。」此時正是協助個案轉變潛意識中原有印記與認知信念的最佳契機。

我問她：「從這件事，還有與孩子靈魂對話的過程中，妳領悟到什麼？」

個案說：「當我誠實面對內心深處的恐懼，它就會轉化為真實的體悟。這個孩子以這樣的方式出現，是為了讓我明白一直沒有面對完的課題。我明白了，逃避問題、假裝它不存在，只會讓恐懼繼續潛藏在內心深處。但當我願意正視它、勇敢面對、承擔責任、誠心解決，恐懼才會真正消融，而我也才能獲得安心與內在的自由。」

在我多年來實作過許多曾經歷墮胎或流產的個案中，我觀察到幾個不可輕視的重要影響：

無論當事人是男是女，是自願墮胎還是非自願流產，幾乎都會在內心留下自責、失落與愧疚。即使墮胎的理由再合理、法律上再正當，看似不得不做出的選擇，仍無法避免罪惡感——這無關邏輯與法理，而是靈魂對「知道自己做了違背良知的事」的感知。無論是自願或非自願的失去，這段經歷都會在潛意識中形成兩種深層印記：創傷情緒印記與罪疚印記。事件發生的當下，人的五感官所接觸到的每個情境、情緒，都會被烙印在潛意識裡，並進一步衍生出扭曲與偏執的「認知」與「信念」，它們會靜靜潛伏，直到某個觸發點出現——一個人、一句話、一段場景——影響個案的情緒反應、決策模式與人生觀點。（詳細解說請見前作《量子轉念的效應》）

民間普遍對於「嬰靈」存有恐懼與誤解，認為祂會糾纏、報復、奪走運勢，因此多以祭祀、立靈位、法會、燒紙錢等方式加以安撫，或請宗教師以術法驅離。然而，從我大量實作的經驗來看，處理方式的本身並無對錯、好壞之分，真正關鍵的在於處理這件事的「心態」與「意識狀態」。若內心仍無法誠實面對自己對孩子的愧疚與恐懼，僅靠儀式或宗教來掩蓋那份不安，無非是在逃避，假裝問題已經解決。

正如這位女個案，她曾以為只要避孕就能萬無一失，以為不面對、不承認，就不需要承擔。但她的恐懼與罪疚從未真正離開，直到與孩子的靈魂展開誠實的對話與深度的道別後，才獲得釋放與平靜。真正的和解，不是靠外在的儀式，就足以完成，而是來自內心的轉變與誠懇的懺悔。

唯有真心面對、勇敢承認，從意識層次看清錯誤的印記認知與信念，並願意修正與轉念，才能真正與孩子和解，也才能讓自己的心靈得到覺醒與自由。

案例六—誦經迴向為何反招靈纏不去？心中未放下，儀式也只是空殼

我曾一對一實作過一位年約三十二歲的女性個案，她長期受到一個現象困擾——時不時會有亡靈前來找她，要求她誦經迴向，幫助祂們離開人間、前往投胎。這樣的情況起初偶爾出現，後來卻頻繁到幾乎每天干擾她的日常生活與工作，甚至連睡眠品質也深受影響。她不知如何應對，只好向自己所皈依的一位出家師父求助。

不過，師父的回答讓她陷入更深的掙扎。師父告訴她，這些亡靈「全是她過去前世輪迴中的冤親債主」，如今來討報，是她應該「概括承受」的因果業報。唯一能做的，就是每日持誦經文，將功德迴向給他們，才能慢慢化解。

但現實是，若照師父的話去做，她每天不是在工作中突然遭到亡靈干擾，就是在夜晚休息時被亡靈驚擾而無法入眠，身心俱疲。她不敢違逆師父的教導，但也無法長期忍受這樣的生活煎熬。後來，她透過機緣得知我與這門量子轉念引導技術，於是懷著一線希望前來找我協助，希望找到另一種可能，幫她真正走出亡靈糾纏的困境。

我開始引導她閉上眼睛，放鬆身心，請她回溯最近一次與亡靈有直接互動的具體事件。那是她上週在公司上班時的經歷——

那天她在商業大樓辦公，期間去了一趟公共女廁，當她在洗手台洗手時，忽然出現一位女性亡靈，直接開口要求她「現在就唸經迴向」。她心中一驚，試著跟對方協調：「我現在還在上班，等一下還有重要文件要處理，可不可以等我下班回家後再為妳唸經？」但那位亡靈語氣堅決地說：「不行，我現在就要。」

她回想起師父曾告誡她，亡靈的要求絕不能拒絕、不能推辭，否則會帶來更大報應。於是她只好妥協，在廁所隔間裡小聲地唸經，直到完成誦經迴向，那位亡靈才默默離去。

為了釐清這類事件過去是否有相似的模式，我進一步請她回溯更多與亡靈接觸的經驗，觀察其中是否有共同或類似的印記模式或信念反應，以利我選擇適合她的引導步驟，協助她真正從靈性干擾中轉化轉念。她確實遭遇過不少類似事件，我選擇其中一件發生在去年深夜的經歷作為代表，以便後續深入剖析她的潛意識印記與轉念歷程。

我引導她回溯至當晚時刻，重新經歷當時的情境。她緩緩地說：「那天工作加班到很晚，回家吃過晚餐、洗完澡就上床睡覺了。半夜時，突然感覺有人在我耳邊呼喚，像是刻意要把我從熟睡中喚醒。我睡眼惺忪地睜開眼，結果一張年約五十歲男子的臉近距離出現在我眼前。我當下嚇了一跳，但並不是因為對方是亡靈才害怕，我還是可以分辨出活人與亡靈的差別，只是在毫無心理準備下，一睜眼就看見一張臉貼得這麼近，真的讓我嚇了一跳。」

我心想，這位個案或許從小就習慣看見亡靈，早已不像一般人那般驚懼。於是我繼續引導她回溯後續情節。

「男子見我醒了，開口要求我立刻幫他誦經迴向，因為他急著投胎。我那時既疲倦又煩躁，忍不住抱怨：『大哥，你知道誦一部經至少要花上好幾十分鐘嗎？我明天一早還要上班，你一定非得要半夜來打斷我睡覺？』結果他卻冷冷地懟了一句：『是妳自己發願說，只要遇見我們，就會誦經迴向，幫助我們投胎。現在妳是打算反悔、說話不算話嗎？』」

這句話讓她啞口無言，只能無奈地順從要求，在半夜誦經迴向。

我問她：「妳記得從什麼時候開始，亡靈會這樣來找妳要求誦經迴向的？」

她回答：「其實我從小就有『陰陽眼』，能看到亡靈，也能與他們對話。當時不覺得這有什麼奇怪的，還以為大家都這樣，也沒有人告訴我這種能力有什麼問題。直到三年前，我被交往三年的渣男男友劈腿，分手後情傷很重，每天都在哭。閨蜜看我這樣，怎麼安慰都沒用，就建議帶我去見她皈依的師父，希望師父的開示能幫我走出情緒低谷。我當時也答應了，去了那間佛寺。」

「那師父怎麼說？他怎麼處理妳的狀況？為什麼會牽扯到誦經迴向？」

她說：「那天我跟師父聊了好一陣子，也提到自己時常能看到亡靈，甚至能與他們交談。結果師父說，我會遇見渣男而感情不順，是因為這些亡靈在作祟，他們是我累世的冤親債主，與我有解不開的恩怨，會破壞我的感情姻緣。要化解這些業力，唯一的方法就是替他們誦經、積攢功德，再把功德迴向給他們，助他們早日投胎，才能平息對我的干擾。於是我便對自己立下承諾，只要他們來找我，我就會誦經幫忙。」

我又問她：「那麼，妳第一次看見亡靈是幾歲時？」

「大概是我五歲的時候。」

我便引導她回溯到那段記憶。「當時是什麼時候？發生了什麼事？」

她說：「那是在白天。我爸媽都是農夫，因為我年紀還小，他們下田耕作時，就把我帶在身邊。田地很大，他們忙著農事，我就在旁邊玩。」她說著時，臉上浮現出回憶當時景象的神情。

我接著引導：「那後來呢？發生了什麼事？」

「我看到一個很奇怪的景象⋯⋯，好奇他到底在幹什麼？就慢慢地往他靠近⋯⋯」個案說到這裡，整個人彷彿時光倒流般回到那個瞬間，神情與姿態同步再現，臉上重現當時疑惑的神情，雙眼雖然閉著，卻配合身體動作，像是在注視眼前某個陌生又詭異的物體。

我問她：「妳怎麼了？剛剛看見什麼奇怪的東西嗎？能不能把妳所看到的，清楚地告訴我？」

她回應：「我看到很奇怪的景象，有個男人，他的頭陷進田裡，只露出臉看向天空。我覺得很奇怪，走過去問他在做什麼。結果他看著我說：『小女孩，妳看得見我？』還說他在無所事事⋯⋯」

我詢問多次個案當時所見的景象，但她的敘述仍無法讓我明確掌握她實際看到的是什麼，因此我決定反向釐清她的說法，確認是否如我所理解的那樣。這個步驟非常關鍵，因為對我這位引導者而言，若無法從個案的回溯敘述中，清楚辨識當時經歷的情境，就無從判讀當下被鍵入或被觸發的潛意識印記是什麼，也就無法釐清該情境所潛藏的訊息。

我試著重新釐清畫面：「妳的意思是，妳看到的那個男人，是像在沙灘上做沙蒸那樣，整個身體被埋在田裡，只露出臉朝天躺著？」

她連連點頭：「對對對，就是那樣。」

「那麼，當時妳知道那個人是亡靈嗎？」

她搖搖頭說：「不知道。但我感覺他跟平常人不一樣，身體有點透明，能隱約看到後面的景物。一般人不會這樣。」

「那妳後來怎麼確定那位男子是亡靈？」

「是我爸媽遠遠看到我蹲在那邊，像在對著空氣說話，覺得古怪，趕緊跑過來問我在幹嘛。我說我在跟躺在田裡的那個叔叔說話，他們一聽臉色都變了，二話不說馬上拉著我回家。後來只要我跟爸媽說我看到透明人，他們就會很嚴肅地要我別跟那些人講話，也不能跟著他們走。我當時不知道原因，但還是照做。直到長大後，聽到一些說法，才知道那些人是亡靈。只是祂們從來沒有傷害過我，所以我也慢慢習慣了。」

她最後說道：「直到師父跟我說，這些亡靈都是我的冤親債主，要靠我誦經幫助祂們解脫，我才開始覺得這件事帶來困擾與壓力。」

個案內心真正的困擾，來自她完全接受法師的說法，卻未經過自身的檢視、求證與理解。她把師父的話視為絕對真理，結果不但沒有感到心安，反而引發矛盾與衝突，導致持續性的焦慮與不安。對她而言，當時尋求法師協助，正值內心遭受重大打擊之際，意識處於渾沌、非清明的狀態，而法師的身分象徵著絕對的權威，幾乎無法被質疑與挑戰。因此，法師的言語便如同指令般，未經過辨識或思辨就直接進入潛意識，成為深層印記。

既然是潛意識印記限制她的思維，那麼單靠道理說服或勸說是無效的，無論多麼正確合理的言語，若聽者內在沒有真正「想通」、「領悟」，就無法發揮真正的轉念作用。這也是「量子轉念引導技術」中「轉念引導步驟」設計的核心原則——「改變」、「覺醒」，一切只能從個案本人的領悟開始。

於是，我開始引導她：「好的，請妳觀想當時在田裡的那位男子，以及記憶中曾來找妳交談或請妳誦經迴向的所有亡靈，全都來到妳的面前。」

我給她一點時間進行觀想，然後確認：「現在，妳是否已經觀想他們全部出現在妳面前的畫面了？」個案點點頭。

這個步驟的重點，是讓她的意識與亡靈的意識進入同一個訊息場。

接著我問：「妳去問問他們，也感受一下，他們之中，全部都是妳的冤親債主嗎？」

個案搖搖頭，說：「嗯……沒有。」

我進一步確認：「妳再感受看看，是全部都不是？還是說有的是，有的不是？」

她停頓一下，仍然搖頭：「沒有一個是我的冤親債主……可是，我的師父明明說他們是我的冤親債主啊？怎麼會都不是？」

為了避免她再度陷入大腦思考的模式，斷開與訊息場的連結，我立刻將她的意識焦點拉回來：「沒關係，先別管師父說什麼，妳現在只要專注在妳所連結到的訊息上。」

她點頭表示明白後，我繼續引導：「那妳再進一步進入他們的狀態，去感受他們的想法——既然他們都不是妳的冤親債主，那為什麼會讓妳看見？又為什麼會找上妳？」

個案的表情微微浮現出一絲不可置信與疑惑，慢慢說出：「他們其實跟我沒有任何恩怨或因緣，只是因為我可以看見他們，這對他們來說很不可思議，也很驚喜，所以才想靠近我。後來發現我能和他們對話，覺得很有趣，單純想跟我聊聊。至於那些來請我誦經迴向的，是因為我心裡曾下了一個很強烈的念頭：要幫助前來求助的亡靈，為他們誦經迴向功德，助他們順利投胎。所以他們就像是接收到我這個念頭一般，自然會前來找我。」

我點點頭說：「了解，那我幫妳整理一下剛才的訊息，妳再確認一下我的理解是否正確。他們找上妳，是因為大多數人看不見他們，而妳卻能看見，所以他們就像在一個語言不通的世界裡，遇見一位能說同樣語言的『同鄉』，感到驚喜又親切，單純想跟妳認識聊天，並無惡意，是這樣嗎？」

個案點頭說：「對！就是這樣的感覺。」

「而那些來請妳誦經的亡靈，是因為妳心中強烈發出一個『免費為需要誦經投胎的亡靈服務』的訊號，就像在 Facebook 或 Instagram 上投放了一則公益廣告，沒有標明服務時間與條件，所以他們自然會陸續來找妳，也因此干擾了妳的日常作息。但這其實與冤親債主毫無關聯，只是因為妳的發心與他們的需求對應上了，是這樣嗎？」

「沒錯沒錯，就是這樣！」

「那麼，從剛剛與他們的連結與對話中，所接收到的訊息，和妳師父當初說的一樣嗎？妳覺得師父的說法，是唯一的事實嗎？」

她堅定地說：「不一樣！師父說的不是唯一的事實！」

「那妳從這次回溯中觀想所有遇見過的亡靈、與他們對話的過程中，妳發覺到了什麼？領悟到了什麼？接下來可以修正或改變的是什麼？」

個案沉思後說：「我發覺自己當初誦經迴向的起心動念，表面上是為亡靈累積功德，但實際上，是想透過這種方式來交換冤親債主對我的怨恨與業力，這其實已經不是純粹的祝福心念了。誦經的真正目的，是為了『開啟自己的智慧』，當言行是出於智慧的引導，自然就具備利益他人的力量，這本身就是功德。未來我應該用正確的心念來做這件事。對於師父的說法，也不能再盲從。我是親身經歷的人，必須自己面對並處理這些經歷。假如結果不如所願，我就要學會去多方驗證與領悟，不能再用『這是師父說的』作為卸責的藉口。各人造業，各人承擔，該由自己來了結。」

結束引導後，個案睜開雙眼，從她的神情中可以清楚見到，不僅剛才所回溯的經歷在她心中清晰復盤，更有一種放下多年重擔的輕盈與釋然。

在我為多位具備靈異體質（俗稱「陰陽眼」）的個案進行潛意識回溯與印記轉念的經驗中，我逐漸發現，他們內心深處往往藏著幾個極為相似的問題核心，且幾乎都在年幼時期即烙印於潛意識中，形成難以抹去的印記。

隨著時間推移，這些印記所帶來的感受與經驗，逐漸轉化為解釋世界的認知架構與內在信念，最終形成強烈的「意志信念」——這才是決定一個人情緒反應、人格發展與命運走向的深層根源。

這些深層印記往往來自以下幾種情境：

1. 被家長或長輩視為不正常、不祥，甚至帶來厄運的存在。為了不被討厭、排擠、指責或嘲笑，他們被迫否認、壓抑、甚至隱藏自己能看見亡靈的事實。

2. 一旦被發現具備靈異體質，就會被貼上心理疾病或「怪胎」的標籤。有些個案被家長送進身心科診療，也有些被帶去進行驅邪、超渡等宗教儀式。無論哪種做法，都會在潛意識留下強烈暗示的印記——「我是有問題的」，進而內化出深層的自卑與自我否定。

3. 盲目相信外在權威的解釋，否定自身的真實感受。醫師說這是幻聽及幻覺，宗教師說這是冤親債主或卡陰不潔，他們便深信這些說法才是「真理」，轉而壓抑並抗拒自己的感知或感受，最終導致嚴重的內在衝突與對自己的不信任。

透過潛意識印記的回溯與轉念，我逐漸領悟到，真正能夠幫助這些特殊體質個案的，不是壓制、封印或驅趕所謂的「異象」，而是翻轉他們對「見鬼」現象的狹隘理解，幫助他們重新看見：這其實是一種特殊的能力，而非病態的異常。

正如有人天生擅長藝術、語言、舞蹈、棋藝或數理，這樣的能力也是一種「天賦」與「才華」，不該被視為缺陷。正如韓國網路漫畫改編的影集《Moving 異能》中那句深具啟發的台詞所說：「你不奇怪，你只是跟別人不太一樣，有點獨特罷了。」

光靠吃藥，或是進行所謂的「驅鬼」、「封印陰陽眼」，也許能短暫解決一次性的困擾，但若沒有處理內心對於「下一次又會再看到」的恐懼與無力感，那麼經歷者仍會活在隨時再度陷入驚恐的擔憂裡。

所以，真正的幫助不只是解決表層的異象，而是從深入安撫與理解這些經歷者的內心。這正是協助者所應具備的核心能力，也呼應了《Moving 異能》中另一句令人動容的台詞：「醫學治療力、術法力算什麼？（原台詞是：超能力算什麼？）同理心才是一個人真正的能力。能夠理解他人，這才是重要的能力。」

唯有在被理解與接納的基礎上，經歷者才能真正回歸自己的日常生活，不再害怕與逃避，而是學會與自己的特殊感知共處，並將它轉化為安定與平衡心靈的力量。

案例七──觀世音菩薩顯靈？真相竟是一位日本小女孩的靈魂求援

我曾在一次一對一實作中，協助過一位女性個案，她因為無法實踐顯靈的觀世音菩薩所交代的修行規則，而前來求助「量子轉念引導技術」。這名個案約莫二十八歲，自二十二歲起，恭請了一尊觀世音菩薩像供奉家中，有空便會在佛前誦經做晚課，雖非每日，但多年來持續進行、虔誠不輟。

直到不久前，有一天晚課時，她突然清楚地「看見」觀世音菩薩顯靈。一開始她以為自己眼花了，但那份臨在感清晰無比，讓她相信自己並非錯覺，而是真切「見到了」。當時她內心充滿感動與喜悅，心想也許是自己多年來的誠心，感動了菩薩，才得以親見法相。然而顯靈後所傳達的訊息，卻讓她陷入極深的矛盾中。

觀世音菩薩告訴她，因為要她修行，所以不能交男友、談戀愛。但她內心其實非常渴望能夠戀愛、結婚、生子，擁有一個屬於自己的家庭。

她說，雖然不敢違抗菩薩的指示，但她也很清楚這份渴望無法從心裡真正割捨。於是，每天一邊努力遵循菩薩交代的修行功課，一邊卻承受著壓抑願望的痛苦。

好不容易，她陸續遇到兩位不錯的男性，不但對她表達了好感，也真誠地想進一步認識與交往。面對眼前的緣分，她卻因為菩薩「不准戀愛」的神聖命令，而遲遲不敢回應對方的心意。其中一位追求者因此而放棄，如今眼前出現新的對象，讓她心中充滿不安與遲疑，擔心這段尚未開始的戀情，是否又將再次無疾而終。

我引導她閉上眼，將意識專注於幾次深緩的吸吐之間，接著引導她重現經歷與畫面，回到那天在家中見到觀世音菩薩「顯靈」的時間點。

她回憶，那天吃完晚餐、也忙完日常家務後，便如往常一樣，在晚課時分於觀世音菩薩像前開始誦經。當她誦唸《觀世音菩薩普門品》到一半時，突然感覺面前彷彿站著一個人。

起初她以為只是錯覺，畢竟當時她一人在外地租屋，根本不可能有人在。但那股「有人在面前」的感覺越來越真實，甚至強烈到她不由自主地抬頭一看——果真在眼前看見了一道身影。

那是一尊觀世音菩薩的化現，祂對她說：「因為妳對菩薩的信仰非常虔誠，又具有慧根，所以我要收妳為弟子。」這句話讓她當下既激動又榮耀。她自覺相較於其他修行多年的師兄姐，自己資歷尚淺，沒想到竟被菩薩親自點名，這在她心中是一種極大的肯定與殊榮。

不過，接下來菩薩交代，從此之後，每天需誦經三次，茹素清修，並為了保持身心清淨，不可交男友、談戀愛。

她說，誦經三次與茹素這兩項要求，她完全可以遵守奉行。但唯獨「不可以談戀愛、交男友」這一點，讓她內心深深抗拒，卻又不敢說出口。

在個案回溯整段顯靈經驗的歷程中，我仔細觀察她的意識狀態，並未出現無意識或意識模糊的情況。因此，我接著引導她，直接與眼前的觀世音菩薩之意識進行連結與對話。

我請她聚焦於那股顯現的觀世音菩薩能量意識場，並提出幾個她內心的疑問。

我問：「菩薩見過芸芸眾生，為何獨獨只收妳為親傳弟子？還願意花這麼多時間親自監督妳修行？」

「禪宗六祖壇經中不是有個公案說，磨磚不能成鏡、打坐不能成佛嗎？那祂教妳的修行方式，只需每天誦三次經、茹素、不談戀愛，光靠這幾個具體規範，就能足以修成？」

沒想到，這位觀世音菩薩所給出的回答，卻充滿矛盾與漏洞。

比如當我問：「為何只收妳為弟子？」

祂僅回應：「因為有緣。」

我追問：「那觀世音菩薩不是宣稱『聞聲救苦』嗎？難道與其他苦難眾生就無緣了？」祂的回答未能自圓其說。

接著祂又改口：「以後要改成每天誦經五次。」

我便繼續問：「五次就能成佛了嗎？若增加到十次，是不是就能更快成佛？」面對這個問題，顯靈的觀世音菩薩沉默不語。接著，個案感受到祂的能量場開始動搖，她說，這位觀世音菩薩似乎「破防」了，情緒浮動明顯，最後祂說了一句：「我要離開了。」

當個案轉述她所接收到的心靈視像訊息後，我心中的推測幾乎已獲得印證——眼前這位顯靈的存有，絕不會是真正的觀世音菩薩。

然而，若要協助個案完成解套與轉念，就必須進一步釐清這個意識存在冒用菩薩之名的動機與目的：祂為何選擇偽裝成觀世音菩薩的形象？又為何設下這些具體的修行規範來約束個案的生活與情感選擇？

這些謎團若未被解開，個案將仍困於一層無形的精神枷鎖中，難以從中解脫。因此，我引導個案在意識中向這位欲離去的「觀世音菩薩」傳達，請祂暫且留步，不必急著離開，並引導她繼續保持連結對話，進入下一層的探索。

我引導個案詢問：「祢真的是觀世音菩薩嗎？祢真正的身分是誰？」

最初幾次提問，對方始終沉默不語。但我持續引導個案專注意識，鼓勵她堅定地向對方發問，直到祂有所回應為止。

幾輪互動後，個案忽然說：「老師，祂的身體怎麼越變越小？而且背對著我，現在像是一個小女孩蹲在地上……」

我請她專心觀察，向那位小女孩請求轉身，直視她，再一次問：「祢到底是誰？」

個案忽然驚訝地說：「老師，祂竟然是一位穿著日本和服的小女孩……看起來大約九歲！」

我接著引導她發問：「妳真的是觀世音菩薩嗎？為什麼是一位身穿和服的九歲女孩？」

這回，小女孩開口了。個案轉述她所接收到的意識回應：「她說她是假扮的，不是真的觀世音菩薩……只是因為想留下來陪在我身邊。如果讓我知道她真正的樣子，怕我會把她趕走……因為她看到我每天都在膜拜觀世音菩薩，所以就想到假扮祂的模樣，這樣就能留在我身邊了。」

我接著引導個案繼續詢問小女孩：「那為什麼妳要求她不能談戀愛？妳是在哪裡、什麼時候跟上她的？又是出於什麼原因？」

個案靜默片刻後，語氣中帶著些許驚訝：「她說她知道我在上一段戀情中受了很深的傷，為了保護我，才想出用修行、成佛的理由讓我遠離男性。至於我們是在哪裡相遇的……現在浮現出來的畫面，是一座日本很靈驗的寺院。她說，我長得很像她走失後一直找不到的媽媽……所以從那時候起，她就開始一直跟著我了。」

當時，個案剛結束一段讓人心碎的戀情後，報名參加了一個日本旅行團，希望藉由出國散心來療癒心情。

她回憶，那天行程中參觀了幾座寺院，其中有一座寺院的高台旁，供奉著一位在姻緣方面特別靈驗的神明。她特別走上高台，在神像前誠心祈願，請求神明賜予一段美好、穩定的姻緣。

我進一步引導她專注在祈求神明的那個時刻，細緻感受當下的環境與內在感應，是否有察覺到任何特別的訊息或能量流動。個案靜默片刻後說：「就在那時，我突然感覺有一個小女孩站在我身旁，看著我在向神明祈求。她沒有說話，但我能清楚感受到她的存在。後來，她就一直跟著我了。」

根據我的實作經驗，像這類亡靈若與個案之間並無恩怨牽連，卻又持續跟隨其身的情況，有時是因為亡靈尚未察覺自己已經離世，不知道自己處於沒有肉身的狀態。如果在引導對話前未先釐清這個核心關鍵，那麼後續要轉化執念以及整體引導的方向與步驟，將會有極大的不同。

於是我說：「妳問那位小女孩，她是否知道自己已經死了，現在沒有肉身？」

個案回應：「她點了點頭，說知道。」

接下來，我引導個案帶領這位小女孩的亡靈回溯自己死亡的經歷。

個案告訴我，她在心靈視像中看見的場景仍然是同一座寺院，但人們所穿著的服飾，以及馬路上行駛的交通工具，都顯示這並不是現代，而是大約三百年前的時空。

當時，小女孩是與母親一同來到寺院參拜祈福，但因人潮洶湧，不慎與母親在人群中被沖散。一時間，母女無法尋見彼此，小女孩在不知所措中走向馬路。由於身高緣故，她的前方視線被周圍的大人擋住，好不容易從人群中擠出來時，卻已經站在馬路中央。

就在那一刻，一輛馬車疾駛而來。從駕駛的視角看去，小女孩是突然從人群中竄出，雖然他立刻拉緊韁繩試圖煞車，但還是來不及了，就這樣，馬車撞死了小女孩。

當小女孩再次恢復意識時，發現自己無論如何都找不到媽媽，只能一直在原地徘徊等待母親來尋找自己。然而，等了很長一段時間，始終沒有等到母親現身。

直到多年後，她看到個案前來參拜。由於個案的容貌神情與她記憶中的母親極為相似，她誤以為母親終於回來了。一靠近後發現不是，卻又不知道該如何是好，但內心已對個案產生彷彿回到母親身邊的親切感與依戀感，因此決定默默跟隨在個案身邊。

她一方面希望讓個案感受到自己的存在，一方面又擔心真實身分被揭穿後會被個案驅離。看到個案每天虔誠對著觀世音菩薩像誦經與迴向，才萌生了冒充觀世音菩薩形象的念頭，藉此方式現身，讓自己能以「合理」的方式與個案生活在一起。再加上，她知道個案曾因情感受傷，於是出於保護的動機，便以「修行」為名，訂下「不可以談戀愛」的規範，與誦經和茹素這兩條修行要求，一併交代給個案。

這樣的安排，既是她用來守護個案避免再次受傷，同時也確保自己不被驅逐的方式。

透過我的引導，個案清楚知道這位「顯靈的觀世音菩薩」其實是由日本小女孩的亡靈所假扮，而「不可以談戀愛」這項規定源自小女孩想保護她免於再次受傷的善意，長久以來心中的焦慮與壓抑，彷彿瞬間煙消雲散。

接著，我問個案：「既然妳已經知道這位顯靈者不是觀世音菩薩，那妳會不會因為小女孩冒充觀世音菩薩欺騙妳而感到生氣？或者妳有什麼想對她說的？」

個案語帶溫柔地說：「我沒有生妳的氣，也沒有怪妳假扮觀世音菩薩欺騙我，更不會怪妳對我提出『不可以談戀愛』的要求。我現在知道妳是因為與媽媽走失，才會在那個地方等待這麼久。每天孤單地等著媽媽來找妳，心裡一定很難受。我知道妳的真實身分了，只希望妳能夠安心去投胎，因為這樣長久的苦等，其實只會讓妳受更多痛苦。」

日本小女孩的亡靈說道：「姊姊，謝謝妳。不過……妳知道嗎？之前那個對妳有好感的男子，其實是我在干擾，讓你們緣分錯過，才導致關係不了了之……而這次的這位男生，其實我也有在干擾……妳真的不會怪我嗎？」

個案輕聲回應：「姐姐不會怪妳，我知道妳是想保護我，並不是有意要傷害我。其實，如果那段緣分不是正緣，就算沒有人干擾，也未必會有結果。倒是現在一想，妳之前說的那三條修行規範，還真的很有小孩子的邏輯和思維啊（笑）。不過姐姐不是在笑妳或嫌棄妳，是真心希望妳能真正放下、早日去投胎，不要再執著停留在這裡了。」

「可是……我還是好擔心，萬一哪天媽媽真的來找我，卻找不到我，她會很難過、很著急的。」

聽到這裡，我敏銳地覺察到：若試圖用說教或嚴厲態度驅趕她去投胎，無論對個案本身還是這位小女孩，都無法真正觸及內在的執念。她們之間的意識，早已透過深層的共振，連結在同一個訊息場中。這種連結與糾纏，正是潛意識層的同步運作。從「量子糾纏」的觀點來看，兩個彼此糾纏的粒子，即使分隔遙遠的時空距離，都無法切斷它們之間的「共時同步互動」。換句話說，即便將小女孩的靈魂強行驅離或強迫投胎，只要雙方共同的執念沒有獲得轉念釋放，那這份糾纏仍會存在，影響彼此的意識場。

就在此時，我彷彿接收到一股來自「零點場」（集體潛意識）的訊息，如電光石火般浮現於腦海。我立刻順著這道靈感，引導個案以意念協助這位小女孩的靈魂意識，回溯至當時她被馬車撞死的時間點，重新經歷情境與感受，並探索在她死後，究竟經歷了什麼？是否有什麼未竟之事，仍停留在那個時空？

原來當時小女孩被馬車撞擊死亡的那一瞬間，因過度驚嚇與恐懼，意識斷片，進入「完全無意識」的狀態，使她誤以為自己並不知道之後的經歷。透過「量子轉念引導技術」的步驟引導，讓她得以重新回溯並重現後續的情節。

事故發生後，周遭路人紛紛圍觀，現場一度陷入騷動。小女孩的母親原本正焦急地一邊詢問路人、一邊四處尋找女兒。人群的騷動引起她的注意，她立刻朝事故地點奔去。穿過人群後，在地上看到那熟悉的身影——那是她的女兒，已經沒了氣息。

小女孩的媽媽當場抱著女兒的遺體，崩潰大哭。隨後，依照當地習俗，便將小女孩安葬在寺院旁的墓園。數年後，小女孩的母親也高齡辭世。

我問小女孩：「小朋友，妳有看到媽媽來找妳嗎？」

「有……我看到她了，媽媽有來找我……」小女孩淚流滿面地說。

「既然媽媽已經來找妳了，那妳還需要繼續留在這裡等媽媽嗎？」

她的眼中閃著光，說道：「不用了，我終於等到媽媽了……可是，我可以跟媽媽一起走嗎？」

我便引導個案觀想，讓小女孩的媽媽也進入我們此刻共振的訊息場。

接著我對小女孩說：「小朋友，妳可以自己問媽媽，能不能讓妳跟她一起走？」

小女孩望向她媽媽發問……接著，小女孩立刻高興得手舞足蹈，歡欣地說：「媽媽笑著點頭說願意。我太開心了，我終於又可以跟媽媽在一起了！」

（以上我與小女孩的對話，皆由個案作為媒介轉述，為了敘事流暢，故以對話形式呈現。）

我問個案：「妳有什麼話想對這對母女說的嗎？」

個案笑了笑，語氣滿是祝福：「我真的很替妳們高興，妳們終於重逢團聚了。祝福妳們在另一個世界裡平安幸福，也能順利投胎到善良的家庭。」

我再問：「那她們有什麼話想對妳說的嗎？」

「小女孩的媽媽面帶感激地說，真的很謝謝我，還有老師您的接納與幫忙，真的很感恩。小女孩也笑著說，非常感謝我們幫她找到了媽媽……」（個案看見，母女倆一同向我與她深深鞠躬致意的畫面。）

當對話進行至此，我知道，那份深植內心的執念已經被看見、被理解，也真正放下了。於是，我便引導個案運用意念，邀請這對母女亡靈共同觀想一道來自源頭的光，並進入光中，信任這道光的帶領，一同回歸宇宙的懷抱——也就是集體潛意識「零點場」。

引導完成後，我請個案回到自身，從這次經歷中深入覺察自身的印記信念與執念根源，並領會轉念的方向。她的領悟，極具靈性價值，歸納如下：

1.她明白自己過去之所以到寺廟膜拜、乃至想修行成佛，其實藏著一個試圖填補內在空虛與匱乏的動機，並非出於對生命苦難的覺悟與超越。這樣的心念頻率，自然容易招感相應的意識體，也就難以分辨所感應的是菩薩本尊，還是亡靈假冒。心識會幻化出一切符合相應需求的境象，而非真理。

2.從那位日本小女孩亡靈等待母親的執念中，她也照見了自己在情感中的相似執著。自己對小女孩說的那句話：「姻緣若不是正緣，即使沒人干擾也不會有結果。」其實也是對自己的提醒。過去那段戀情，明明早已出現男方出軌的跡象，她卻執迷不悟、自欺欺人，導致傷害不斷加深。她深刻地領悟到：若只想依靠神明保佑，卻不願自我覺察與轉念，那麼再好的姻緣，也會因自己的無明而錯過。天助者，終需自助。

在我多年的實作個案經驗中，經常遇到「看見神明顯靈」或「被神明附身」的個案。這些宣稱附身的神明，除了觀世音菩薩外，還包括王母娘娘、濟公、釋迦牟尼佛、三太子哪吒、玄天上帝、彌勒佛、九天玄女等，甚至同一位神明還不只一個版本。單單自稱觀世音菩薩的，就至少有三位之多。

但真相往往令人震撼：這些其實都不是神明本尊，而是仍懷執念的亡靈意識體。有些是生前修行者，甚至包括帶著修煉慾望的動物靈。祂們以為模仿神明幫人消災解厄，可以累積功德，作為將來成就道果的資本；有的則貪戀人間香火供奉，藉崇拜的能量滿足未竟的慾望。然而，這些存在並非惡意欺瞞個案，反而多是迷失在信念執著中的意識體。

更值得深思的是，這些個案本身，在潛意識中幾乎都存在著深層的創傷與罪疚印記。這些印記構成特定的能量頻率，當亡靈的渴望與之產生「同頻共振」時，便會形成量子糾纏的關係。如同現代詐騙集團利用 AI 深偽技術，偽裝成你熟悉親友的聲音與面容，誘使你上當——那一頭可能是一位中年油膩大叔，卻被這一頭認定為「漂亮女神」。

人心的執念頻率，本質上就是一種訊息粒子，亡靈意識體也由此構成——他們會調整自己的訊息形態，以「你最想見到的模樣」現身，你便誤以為見到真正的神明，這正好滿足亡靈的某種渴望。

不過，我也發現，當個案終於覺察這些「假神」的本質，並願意面對與轉化自己的印記時，通常不只是個案獲得自由，那位亡靈意識體也能從模仿與執念中解脫，雙方共同覺醒與釋放。

這些經歷，讓我對《金剛經》中的這句話有了更深入的領悟：「若以色見我，以音聲求我，是人行邪道，不能見如來。」

這讓我重新思考人們進廟參拜的心態——重點不是只想著向神明祈求拯救，而是向內覺察，勇於面對這份苦，並修正那些源於自身、讓自己受苦的印記執念，才能真正通往意識覺醒的清明之路。

案例八—長年心臟不適的真相：揭開來自兩世的恩怨糾葛

這位個案的職業身分相當特殊，她是一位師出名門的比丘尼。雖然這並不是我第一次接到擁有宗教師背景的個案，但她坦承自己曾因身分顧慮而一度掙扎，內心拉扯許久才決定找我預約潛意識回溯量子轉念引導。

她說，自己曾投入大量時間與心力研習佛法，也接觸並實作過坊間多種身心靈療癒法，但仍舊難以突破內在某個執念的困境。這份難以鬆動的卡點，讓她下定決心，決定試試看這門引導方式。

在這次引導中，她所想處理的執念核心，很快被清晰地定位出來，也順利完成領悟與轉念。過程比她預期得還要順利，最後還有些許時間餘裕。就在這段空檔裡，她突然提起多年來都無法理解的身體狀況：左胸口經常出現一種說不上來的不適感，不是痛也不是壓迫，更不是某個明確位置疼痛，而是一種隱隱的悶感。

這個情況持續已久，她曾多次就醫，做過完整的檢查，卻始終找不出任何異常，也沒有器質性病變，但她始終無法放下對此現象的疑惑與牽掛。她說，這感覺有時來得很突兀，有時又會持續數日，時有時無，讓她時常牽掛。

聽完她的敘述後，我徵詢她的意願：既然時間還充裕，這事又牽掛已久，是否願意嘗試進一步回溯？個案聽到後，宛如獲得額外禮物般，開心地點頭答應。

我便引導她聚精凝神，專注覺察左胸口那股不適感，讓意識開始與這個模糊卻持續的身體訊號建立連結，並請她將所浮現的畫面或感受具體說出來。

個案說，腦中浮現了一個畫面，是一顆「心臟」器官，被繩子五花大綁，繩索還不斷地收緊，像是要把整顆心勒得死死的。

說到這裡，她的右手不自覺地揉了揉左胸口。我提醒她，當下處在安全穩定的狀態，可以更放鬆地去覺察，深入連結剛才那個強烈的畫面，看看畫面有什麼訊息想傳達。

這時，她突然脫口而出：「我就是要讓妳不好過日子。」這句話充滿明顯的怨氣，語氣憤恨。

我引導她深入情境，辨識這股訊息的來源與情緒能量。很快地，我們確定這條繩子並非單純的象徵，而是凝聚一股強烈恨意的怨念，將她的心臟綑綁，象徵某段關係或記憶正以這種方式折磨她，要讓她動彈不得、深陷痛苦。

我鼓勵她繼續與這股意識頻率連結，探究其根源。隨著畫面延伸，她腦海浮現大學時期的某段記憶……

當時正值晚自習結束，個案走出教室返回女生宿舍，途經操場旁的樹林時，突然看見一位長髮凌亂、身穿白衣的女子。那女子一動也不動，直直地盯著她，嘴角浮現出一抹詭異且令人發毛的笑容。

個案說：「『我就是要讓妳不好過日子』這段聲音訊息，就是從這位白衣女子身上傳來的。」

我引導她繼續觀察畫面中的細節。個案說，那女子所在的位置根本不是正常人可以站立的地方──她就這樣漂浮在半空中，雙腳懸空；不僅死盯著她冷笑，整顆頭還開始進行三百六十度的旋轉。說到這裡，個案下意識地抱緊自己，雙手不停來回摩擦雙臂，身體明顯感到不寒而慄。

我輕聲安撫她，提醒她當下是安全的，可以放鬆地繼續面對畫面，讓潛意識的訊息自然浮現。

接著個案說，那位白衣女子控訴：「妳難道忘了我嗎？妳以為這樣就可以把妳對我做過的事情，當作沒發生過嗎？我就是要讓妳不好過日子。」這句話帶著強烈的怨念，如同穿透空間的詛咒。

我引導個案辨識這位白衣女子的存在狀態，個案點頭確認，那是一位亡靈。

我進一步詢問，她與這位亡靈之間是否有因緣或恩怨。個案搖搖頭，語氣明確地說她今生從未見過這個人，也想不起與之有任何接觸與交集，更無從得知前世是否有得罪她。她說如今自己已是出家人，發願此生修行成佛，願意真誠與這位亡靈化解恩怨，甚至誦經祈福，將功德迴向給她，助她離苦超生，不必再受陽間痛苦的牽纏。

我問她，對方是否願意接受這個提議？個案搖頭，臉上浮現一絲無奈：「她不願意。她怨氣太深，不想輕易放過我。她要的就是一直跟著我、折磨我，只要看到我過得不好，她就覺得出了口惡氣，很開心。」

根據我實作這類個案的經驗，我洞察出一個極為關鍵的核心，那就是「心結」的存在。常言道：「解鈴還須繫鈴人」，正點出了化解靈性恩怨最本質的關鍵。無論是採取贖罪、補償、誦經或勸慰的方式，若雙方的心結未被真正解開，從量子糾纏的觀點來看，那段糾纏的訊息仍會持續作用，使雙方仍處於彼此牽絆、干擾的能量場中。

因此，量子轉念引導技術的設計核心，便是協助雙方回到結下心結的原點，還原事件真相，辨識並釋放被烙印的印記能量，從而將心結解開。若個案與白衣女子之間的心結尚未釐清，就不可能真正斷開彼此間的量子糾纏與執念連結。

於是，我引導這位法師進入至與這位亡靈發生恩怨關鍵事件的前世時空。但她搖搖頭，說自己腦海一片空白，毫無畫面或感覺。

以我的經驗來看，這種情況其實明確地說明了一件事：個案並非真的無法記起前世，而是潛意識主動啟動了心理層面的「戰逃反應機制」（心理防禦），以壓抑、否認或遺忘的方式保護自己，不去面對那段記憶。這通常發生在該段記憶蘊藏著極度羞愧、罪惡、恐懼，甚至「見不得光」

的事件，導致潛意識選擇封存與遮蔽。

這點其實早已有跡可循。她先前能夠回憶起大學時期「目睹」白衣女鬼的畫面，代表她的意識早已與該亡靈的訊息產生連結。根據零點場（集體潛意識）的原理，既然這份連結已然建立，那麼與之相關的更早記憶也同樣存在於零點場中，理論上是可以被提取的。

因此，當她聲稱「沒有感覺」時，其實並不是真的記憶缺失，而是潛意識的「戰逃反應機制」正在運作。於是我採取迂迴策略，調整引導角度去突破心防。

我對她說：「沒關係，那妳可以先進入那位女亡靈的內心，我們一起看看她當時經歷了什麼？發生了什麼事？」

假裝切割兩人間的關係，只單純看女亡靈本身的事就好，這個假動作果然奏效，法師的意識很快浮現出一些影像與情景……

場景來到了中國上海，時間約為西元一九三五年左右。那時候，這位女亡靈是個年約十九歲的清秀少女，身穿舊棉襖、頭綁雙辮子，一看便知來自清貧家庭。那天，她到中藥鋪為生病的母親抓藥，返家途中，行經一條人煙稀少的狹窄小巷，沒想到遇上一名約莫二十五歲的紈絝子弟，身邊跟著幾名保鏢，恰巧走進了這條小巷。

他一眼就看上這位少女，當場出言調戲並提出猥褻要求。少女義正辭嚴地拒絕了他。沒想到這一拒絕，反讓紈絝子弟自覺顏面掃地，氣得當場命令保鏢將少女強行綁走，帶回家中囚禁。在幽閉的房間裡，紈絝子弟一方面威脅，一方面引誘，承諾只要她肯委身，就會幫她母親治病，甚至讓她享盡榮華富貴。

但少女認定他是惡霸，斷然拒絕，並哀求放她離去，因為母親還等著她送藥回家保命。紈絝子弟被這樣羞辱後，惱羞成怒，竟在盛怒之下強行對她施暴，奪去她的清白。他認為，只要這麼做，就能逼她就範，乖乖聽話，否則名節掃地，將來無法做人。

但少女受辱後始終沒有屈服。她只是無聲地流淚。紈絝子弟以為給她一點時間就會改變心意，便暫時讓她繼續被關押。少女在絕望、羞辱與怨恨交織下，明白自己無路可逃，最終趁看守鬆懈之際，在房間內以衣帶上吊自盡。臨終前，她心中燃燒著對紈絝子弟無盡的怒火與怨念，未能釋放，因此凝成一股強大的靈性糾纏，停留在人間。

回溯至此，個案說那位十九歲含恨而亡的少女，就是與她對話的女亡靈；而她自己，正是那位造成悲劇的紈絝子弟。女亡靈滿懷悲憤地向她咆哮：「你這個混蛋！你玷污了我，讓我母親得不到藥救，只能悲傷絕望地病死，孤零零地走了。這一切，都是你造成的！我要報仇！我要報仇！」

我引導個案再次進入女亡靈的意識訊息場，讓她親口說出這段怨言。此時個案彷彿成了那名亡靈，一字一句滿是哀戚與怒火，帶著淒厲的哭腔與撕裂的痛苦。我在現場，都能感受到整個空間瀰漫著沉重的悲憤氣息。

這段回溯已經讓個案無法再以任何方式掩蓋或迴避自己當年所做的事——那椿仗勢欺人、踐踏他人尊嚴，並造成受害者深刻創傷的惡行。

我接著引導個案與女亡靈展開對話，若她真心感到慚愧，能親口懺悔，就能透過誠摯對話，促使女亡靈釋懷、寬恕。

然而，對話過程卻與預期相去甚遠——無論個案如何表達自己悔意，包括願意每日為亡靈誦經、迴向功德、祈求對方早日離苦超生，盡力彌補自己前世的過錯，女亡靈的怨氣非但未減，反而更加激烈。她怒吼道：「你以為剃了頭出了家，就能將你對我和我母親造成的傷害一筆勾銷？你未免也太天真了！」

這句話直指核心，也間接印證了我內心早已察覺的問題。因為從個案對女亡靈所說的懺悔話語中，她的語氣、表情、甚至肢體姿態均顯得淡漠，缺乏一名真心悔過者應有的羞恥與慚愧。這不是一個曾親手摧毀他人生命與尊嚴的人會有的正常反應。若非她沒意識到當年的行為有多嚴重，就是她內心深處不願承認自己有錯。尤其對一位已出家修行、立志解脫輪迴的比丘尼來說，這樣的心境，更顯反常。

這說明，她內心深處仍有一個極其關鍵的印記與情結尚未被揭示與面對，這個「被隱藏的關鍵點」，正是整個心結無法真正被解開的根源所在。

若無法讓個案誠實地面對這個關鍵點，就無法真正與女亡靈解結——量子糾纏的能量羈絆也將持續存在。於是，我準備從個案更深層的潛意識中，找出那段仍未被照見的真相。

我繼續引導個案，以那一世為支點，回溯至更早之前的時間線，探索在更久遠之前，是否還有與此世事件類似的事件。

當我下達指令時，個案狐疑地回應我：「吔～老師，她說沒有更早了，就只有這一世的事情，不必再回溯了，你立刻要償還我和我母親的命。但我覺得她雖然這麼說，卻好像有點不安，神情像是在遮掩什麼東西……」

我一聽，心裡立刻明白：「果然有隱情。」這種訊息封鎖式的反應，正是典型的「戰逃反應機制」。若一段強烈的情緒印記只顯現在一世，那麼它背後必定還有更早、更深的源頭未被揭開，否則這種執念不會歷經不同時空仍糾纏不休。

於是我重施故技，對個案說：「沒關係，這次我們不從她的視角看，我們改從妳的潛意識訊息流出發，回溯看看是否還有更早之前、與這世有其他類似的事件。」

當我下達完指令後，個案腦海浮現出一個古代城門外的場景，時間約為二千二百年前的中國漢朝時期。她看見自己是個年約二十二歲的年輕寡婦，懷中抱著還在襁褓中的嬰兒，生活貧苦，只能住在距離城外五、六公里的小聚落裡，一間簡陋的茅屋中，每天靠著到城裡賣饅頭勉強維生。

某日深夜，她熟睡在床上，一名蒙面的盜賊突然闖入，當她醒來時，發現身體已被對方壓住，對方一手摀住她的嘴，一手亮出匕首，警告她不要出聲，只要乖乖配合就不會傷害她的性命。她小聲哀求說家裡實在很窮，只剩幾個饅頭果腹，請對方放過她。但她很快意識到對方的目的並非為財，而是覬覦她的身體。

無論她如何掙扎，都徒勞無功，又怕激怒對方會連命都不保。萬念俱灰之際，身邊的嬰兒突然驚醒大哭。蒙面盜賊見情況不妙，擔心驚動鄰居、事情敗露，情急之下竟舉起匕首，朝嬰兒刺下去，匕首瞬間刺入小小的身軀，嬰兒當場氣絕。

她目睹這一幕，崩潰大叫：「兒啊～我的兒啊！」撕心裂肺的哭喊聲響徹茅屋。盜賊見事情已經失控，索性一不做二不休，將她也一併殺害——這一幕，就是烙印在個案潛意識最深處的強烈印記。

當我引導她重現這段記憶，並複述那句「兒啊～我的兒啊！」時，個案情緒潰堤，淚流滿面，聲音哽咽顫抖。我也被這股母親當場失子的哀慟與震撼，深深觸動而動容。

我趕緊回神，收斂情緒，回到引導者具備的覺知狀態，問她：「那位蒙面盜賊是誰？」

這時，個案神情驟變，彷彿發現天大祕密般說道：「就是她。」說話的同時，個案下意識地舉起右手指向前方。雖然現場並沒有第三人，但個案的動作彷彿那位女亡靈真的站在她面前一樣。

我立即反覆查問與釐清，最終確認出這項我心中已有的答案。中國漢朝那一世的蒙面盜賊，就是上海那一世自縊身亡的十九歲女亡靈。這層跨越千年的糾結，竟在此刻揭開。

個案像是塵封已久的記憶終於被打開般，脫口而出：「難怪我剛剛在向她懺悔時，雖然頭腦知道自己當年做了錯事，也知道自己推卸不了責任。可是，當我被引導向她懺悔的過程中，內心深處總有一股說不出的感覺，好像有什麼卡著，無法發自內心認錯，我還以為自己是不是假借修行之名，把錯誤合理化到了某種極端境界……原來，上海那一世，我是在報漢朝那一世的仇，她奪走了我兒子的命，也奪走了我自己的命。我只是回來報仇而已。」

接著，個案說，當女亡靈觀看漢朝那一世後，忽然向她跪下來，語帶醒悟地說：「原來這一切都是有因果的……我這一世在上海會落得如此下場，其實是前世種下的因果，我一直以為自己是受害者，以為死後跟在仇人身邊可以尋找報仇的機會，沒想到我才是那個最初的加害者……」

我再次引導個案與女亡靈展開對話，讓雙方表達真實的感受與內心想法。個案說女亡靈想向她懺悔道歉。

我問個案：「現在，對於女亡靈這一世想要向妳懺悔道歉，妳有什麼感受？妳願意接受嗎？」

個案沉思片刻後說：「我願意接受。因為我看到『冤冤相報』的痛苦，不只是我一個人痛，她何嘗不是呢？我們都困在彼此的怨恨裡太久了。同時，我也想為我上海那一世對她的傷害，再次向她懺悔、道歉，希望她能寬恕我，讓我們都能從這場輪迴的痛苦中解脫出來。」

女亡靈沉默片刻後，點頭表示認同。隨著和解，個案與女亡靈的臉上都露出釋然的微笑，那是一種真正從內在放下執念與負擔的表情。

我引導個案用意念帶領女亡靈觀想一道光，請她信任這道光，將她帶回宇宙的懷抱（零點場）。

完成後，我再引導個案回到自身，覺察這兩世因果關係在潛意識中所留下的偏執印記與信念模式，她學到了什麼？從中看見了什麼？有沒有獲得哪些領悟及轉念？

個案說，親眼見證冤冤相報的痛苦，是一次震撼性的覺醒。她說，不論是加害者所懷的貪瞋癡執念，還是受害者心懷報仇雪恨的怒火，當「目的達成」的瞬間，也許會感到一時的激情與快感，但稍縱即逝，留下的只有更深的空虛與無盡的痛苦。

她說：「難怪古人說：『命裡有時終須有，命裡無時莫強求。』這不應是宿命論的消極理解，而是提醒我們，從更深層的角度看清一切發生的因緣。就像當年我在校園看到那位女亡靈的遭遇，表面看來是一件恐怖的事，但其實，那是我內心深處一直迴避的恐懼源頭。不過，還好我如此在意它，才促成這場量子轉念引導的機緣，從真正的恩怨中看見、面對、放下與釋懷。無論好事或壞事，全是因緣生滅，不能只憑表象與當下來論斷。」

當個案說出領悟與洞見後，我引導她再次把注意力放回最初不適感的左胸口位置，她驚訝地說：「左胸口心臟的不適……竟然消失了！」

我接著問：「這股不適與今天所引導的事件與領悟，有什麼關聯呢？」

她立刻說道：「有關聯！原先我這種不適感，表面看似是女亡靈的怨氣作祟，但現在我已知道，更深層的根源，是漢朝那一世我曾經被奪去清白、目睹幼子慘死的那股極度心痛與仇恨……

此刻，當我選擇寬恕那個曾讓我痛徹心扉的人、真正放下仇恨的那一刻，心痛的理由也不復存在了——這顆心，自然就不再痛了。」在這份深刻覺察與轉念下，那顆承載千年仇恨的心，終於回歸和平。我曾協助過多位被冤親債主亡靈纏身的個案，從中獲得許多洞見，包括在靈性教導、佛教經典與玄學中，對於靈魂、亡靈、見鬼、卡陰等現象的敘述與理解，由此產生更具象、更深刻的領悟：

・關於「冤冤相報」的輪迴模式

冤冤相報之所以反覆發生，是因為加害者往往沒有體會到受害者內心所承受的痛苦，也未覺察到自己因貪、瞋、癡的執念所造成的加害行為。加害者誤以為，只要獲得能填補內在欲望的外在人事物，就能擁有存在感與勝利的滿足。

透過下一世「角色互換」的安排，讓前世的加害者成為受害者，親身經歷自己曾加諸他人身上的苦痛，藉此喚醒過往的心念與行為，引發自我反省、懺悔，進而修正對生命價值的認知。

同樣地，原本的受害者，在下一世成為加害者時，也將有機會理解過去加害者是如何在無意識中，誤將傷害他人視為滿足自身的方式。報復看似合情合理，惟若仔細觀其本質，是否也與前世的加害者無異？正是透過這樣的體驗，促使靈魂反省，理解與釋懷，寬恕彼此，進而修正信念。

當雙方都能在某一世共時性地覺醒，冤冤相報的輪迴才得以終止。「輪迴」，本就是為了促使意識覺醒而存在的工具，當目的達成，這個工具自然就不再需要了。

・關於卡陰或冤親債主亡靈纏身

無論是被纏身者還是纏人的亡靈，其根源都來自於「心結」。俗話說：「解鈴還須繫鈴人」，處理雙方的問題，若僅抱持著「亡靈是髒東西」、「陰氣會損陽氣、折陽壽」、「帶來厄運、壞磁場」等觀點，而非以同理心看待他們，無視其是有情緒、感受與思想的存在，那麼以驅趕、攻擊的應對方式，是否也是另一種「種族歧視」呢？

他們也曾是活生生的人，我們未來也會進入那樣的狀態。若現在對他們投以輕視，是否也等於否定了我們的親人與自己未來的樣貌？當一個人的委屈與傷害未被善解，反而受權勢者壓迫、驅逐，這是否構成了仗勢欺人的不義行為？換作你是被欺壓的一方，會有怎樣的感受與想法呢？

同理地，若僅依賴宗教師，或仗勢者手中有法器等能量物品讓卡陰或亡靈退卻，卻讓他們不敢討回公道，能想見他們內心會有怎樣的情緒與感受。這樣的做法，是化解恩怨，還是加深對立？

我想，這個答案，我心中早已有了清楚的回應。

Part 3 穿越多重時空：

從量子轉念引導解讀輪迴記憶、今生藍圖與未來軌跡

從量子力學的觀點來看，「平行宇宙」（或稱「平行世界」）這個關鍵詞，揭示了幾個極為重要的事實：

1.「過去」、「現在」與「未來」並非線性分離，而是「同時存在」的。

2.宇宙中所有已經發生、正在發生、尚未發生的事件與訊息，皆以「能量振動」的形式記錄在「零點場」中，並且是無限期保存、永不消失的。

3.意識具有跨越時間的能力，能根據自身需求，在零點場中「自由讀取任一時間點的事件訊息」。這意味著不僅可以從「現在」得知「過去」發生了什麼，也能從「現在」預見「未來」的可能性，而這一切不受時間的單向線性流動與先後次序的限制。

我在為數百位接受「量子轉念引導技術」一對一實作的個案進行潛意識回溯時，發現一個共同現象——靈魂意識並非如三維世界的物質體般，會被空間、面積或體積所固定，也不受「過去、現在、未來」線性時間的規則所限制。

這些重要發現，不僅改變了我對靈魂運作與潛意識結構的理解，也促使我在引導過程中，不斷修正與完善「量子轉念引導技術」中一對一實作的流程設計與技術架構。

在我看來，潛意識回溯絕不是單純「觀看」前世事件的片段記錄而已，更重要的是，深入覺察經歷者在當時情境中，透過五感官與外在環境交互作用後，內在所形成的偏執性認知印記（佛家所稱的「五蘊執著」）。唯有當這些印記被意識覺知與鬆動，才能真正達到轉念的目的。

畢竟，所有事件的發生、正在發生、乃至結果如何，都源於經歷者對事件中「人、事、物」的某種認知觀點。這個認知觀點，決定了他的情緒反應、言行決策與未來發展。若不改變這個觀點，個人將持續陷入相同的輪迴模式；但只要轉化了這個觀點，就改變了他內在應對世界的運作模型，走出重複的生命苦難，命運也隨之獲得改寫。

然而，「那個認知觀點」並非憑空產生，而是經歷者當時透過五感官與情境互動後所做出的結論，對當事人而言，是親身參與的「真實經驗」，不是外人能用道理、邏輯、命令、刪除或覆蓋的方式加以移除。唯有經歷者自己親眼看到、親身感受，那段曾深信不疑的經驗其實是誤解、斷章取義，或由錯誤訊息所拼湊成的假象，才有可能誠心誠意地鬆動並放下。

有個關鍵但常被忽略的隱藏 bug：創傷發生當下，多數人是處在「無意識覺知」的狀態。雖然五感（眼、耳、鼻、舌、身）持續接收外界刺激，但接收到的訊息往往是片段、不連貫，甚至扭曲的，卻又全部烙印進潛意識中。我將這些片段記憶稱為「印記」。

然而，經歷者本人並未察覺到這些印記其實是一個個零碎且不連貫的訊息。人類大腦的「自動補全訊息」機制，會在潛意識中將這些零碎的片段（印記）自動拼湊為看似完整連貫的敘述，使經歷者誤以為那就是「真實且不可動搖的事實」。

於是，這樣拼湊出來的錯誤印記，便成了其內在信念的根基，形成強烈的情緒與執念，塑造出如「我是被拋棄的」、「我是不被愛的」、「我不夠好」、「我是累贅的」等核心信念。

若沒有經驗豐富的引導者，巧妙地帶領經歷者的意識回到事件當下，並引導其重新覺察那些印記之間的漏洞與錯誤連結，經歷者便無法覺察自己正被這些無意識印記所操控，也就無法真正改變其對事件的認知與看法。

從零點場的觀點來看，每一世所留下的，無論是有意識下形成的智慧認知，還是無意識下形成的偏執印記，其實都是記憶訊息的不同面向。線性時間在零點場中僅是一種「分類標籤」，只要意識能夠連結上零點場，便可自由讀取過去、現在、未來所有的訊息記錄。這不僅包括事件的經過，也包括當時形成印記的認知角度。而這些，是可以被看見、被理解、被轉念的。

我經常以「舊款 iPhone 換新款 iPhone」的例子，來說明潛意識印記如何在不同世代的「肉身」中延續。舊手機拍攝的照片儲存在相簿 App 裡，當我們點開某張照片查看資訊時，可以看到當時拍攝的手機型號、照片解析度與尺寸、檔案大小、格式、拍攝地點、鏡頭數據等細節。這些記錄就像是前一世肉身的外在硬體、內部器官，以及潛意識裡留下的印記訊息。

當我們換了新手機，這些舊手機的照片與相關資訊也可以完整同步到新手機裡。新手機象徵今生新的肉身與潛意識結構，而你依然可以在新手機的相簿中找到那張來自前世的照片，甚至可以編輯、修改其檔案大小、格式與風格。

這個過程，正如一位今生的個案，在潛意識引導下回溯到前世，找到當時所儲存的偏執印記資訊，並對其進行轉念與重新編輯。我發現，當個案完整經歷這個引導程序後，往往能在領悟中自然地轉念，並開啟意識的覺醒。

因此，在建立「量子轉念引導技術」一對一實作步驟與問句指令時，我特別強調引導者要帶領個案專注回到事件當下，具體留意自己在無意識中，五感官如何與環境、情景與情緒相互連結，並產生印記；再如何由這些印記進一步推論出偏執的認知觀點與信念。讓個案有意識地看見整個過程，並產生內在的領悟與覺醒。

在個案回溯敘事的過程中，引導者絕不能套入主觀的預設立場，應秉持開放與覺察的態度，協助個案自行發現潛意識中的印記，找出在時間軸上可以產生改變的「威力點」，讓轉念真正發生。

案例一——前世回溯不是療癒，而是啟動靈魂覺醒的密碼

某個午後，我與雨曇進行了一次特殊的實作引導練習——我們彼此同時運用「量子轉念引導技術」，互為引導師，也互為個案，展開一場雙向同步的潛意識回溯與轉念引導。這裡，我想分享的是我作為個案時，所回溯到的前世印記內容。

在雨曇的引導下，我回溯到了中古世紀歐洲的那一世，我是一位天主教神父。當時，教會在

擴展傳教工作時，發現了一處偏遠、人口稀少的小村莊。村民尚未接觸任何宗教信仰，教會認為有必要在當地建立一座教堂，因此指派一位神職人員駐守，推動傳教。

樞機主教詢問我是否願意前往這座村莊擔任神父，我答應了這項派任，懷著神聖的使命感，獨自前往那片陌生而寧靜的土地，展開那一世的傳教旅程。

我抵達教會已建好的那座教堂。從外觀看來，教堂不大，內部陳設也相當簡約，整體空間雖不寬敞，卻充滿一股靜謐莊嚴的氛圍。

有一天，一群憤怒的村民突然闖入教堂，不僅砸壞了多張椅子，甚至看到我時情緒失控，將我痛毆至重傷，不久後我便不治身亡。

這些場景浮現在我腦海中時，就像是將一部原本完整的電影，剪輯成一個個片段所組合出的新版本。影片看似講述了一個連貫的事件，實際上卻簡化略過許多關鍵細節，而這些細節，往往才是真正關係到整起事件因果的核心。

擁有上千位一對一實作經驗的雨曇，對此深有體會。她很清楚：若要揭開潛意識印記真正的執念根源，必須引導意識回到那些被「剪輯掉」的部分。因此，她開始引導我將注意力轉向那些被遺漏的細節，重新經歷當時的完整事件，逐步看見被隱藏的因果真相。

原來，當初我被指派來這裡傳教時，並非心甘情願地接受。這並不是因為我對上帝的信仰不夠，而是我深知自己真正擅長與喜愛的，是潛心研究經典文獻，將經典的文字還原原意，再透過講述傳遞真正的福音訊息。相較之下，對於第一線傳教、招募信徒這類工作，我既不擅長，也缺乏熱情。

因此，當我獨自來到這偏遠的小村莊後，我過著如現代流行語所說的「躺平」生活，大多時間宅在教堂裡，幾乎不主動出門與村民互動、打招呼或建立關係。

某日，一位約三十歲的男子主動前來，自稱對上帝虔誠無比，表示願意幫我外出向村民傳遞信仰、鼓勵大家來教堂聽我佈道。由於我本身缺乏主動邀請的意願，便任由他去行動，沒想到竟成為後續悲劇的開端。

這個人打著教會與我的名號，向村民們謊稱，我委託他收取奉獻金，只要捐錢給上帝，上帝便會保佑他們，甚至在面臨災病時顯靈施展神蹟，為他們消災解難。許多村民信以為真，甚至有人把多年積蓄全數交給了他。當他手中累積大量金錢後，竟毫無預警地捲款潛逃。

沒多久，村裡爆發嚴重的牲畜瘟疫與農作物欠收災情。眼見生活陷入困頓，村民紛紛質疑：既然奉獻這麼多金錢給上帝，為何災難仍舊降臨？他們憤怒地認為自己被徹底欺騙，這股怒火迅速蔓延，最終集體爆發。

一日，大批村民湧入教堂。他們怒砸桌椅，對我拳打腳踢，口中咒罵：「你和你的神都是騙子！你的神根本沒有能力，還敢騙我們信奉祂、捐錢奉獻！」那一刻，他們的絕望、背叛與怒火，毫無保留地傾瀉而出。待怒火平息，他們將我重傷倒地的身軀棄置在教堂一角，轉身離去。

無人救治的我，最終在教堂中氣絕而亡。

當時，我以無意識狀態經歷了「拳打腳踢的痛楚」、「四面八方傳來的辱罵」、「身體被暴打的感受」等等，全都深深烙印在我潛意識之中，形成強烈且未被覺察的「印記」。

雨曇以她豐富的實作經驗，持續引導我深入回顧這些印記，反覆檢視潛藏的情節，逐步鬆動並釋放深層能量綁定的強度。

當這一階段結束後，雨曇給出下一道引導問句指令：「你死後，靈魂去了哪裡？」

話音剛落，我的內在像是瞬間接收到一個來自零點場的訊息檔被解壓縮般，立即湧現出一連串的畫面與內心獨白。雨曇敏銳地察覺到我已進入狀態，為了避免我被其中某個畫面吸引目光而中斷引導流程的連貫性，她立刻提醒我：「把你看到的說出來。」

我隨即開口，帶著驚訝與不解的語氣：「我原以為，那一世沒有做好傳教的任務，落得如此悲慘下場的我，靈魂應該會受到審判或無法升天。但我卻看見，肉身斷氣後，我的靈魂竟順著一束從天而降的光，慢慢飛升進入天堂的光中。」

接著，我看到了天使與神的顯現。祂們擁有五官輪廓，但無法像人類臉孔那樣清晰可辨，倒像是站在強烈背光下的人影——不是刺眼，而是柔和且充滿神性的光感，如同過曝照片所呈現的視覺效果，莊嚴、和諧又寧靜。

雨曇繼續使用進階技巧，以類似「全景模式」的方式擴展我的意識視角，這是量子轉念引導技術中非常上乘的引導技巧。

此階段的關鍵，不在於停留於畫面或情緒感動，而是進一步穿越印記所形成的「認知核心信念」（那些我誤以為是真理、實則讓我靈魂受困的內在盲區），幫助我從多個意識點回顧事件全貌，打破原先的單一視角，開啟更完整的洞察。

只要我能看見真相，就能主動修正對事件的舊版解讀，從而在自由意志中重塑信念結構，達到真正的覺醒。例如：

1. 在跟天使與上帝的對話中，我深刻體悟到：天堂並沒有設下進入的門檻與限制，它完全敞開、接納所有靈魂。是否能進天堂、該不該進天堂，並非來自天堂的審判，而是靈魂對自己的定義與認知。

2. 在經歷死亡過程的意識狀態中，我也意外看見一段與我近期身體健康問題相關的印記訊息。透過覺知、領悟與轉念，我鬆動並轉變了印記對身體造成束縛的認知設定。

3. 當我進一步與打死我的村民們，以及那位欺騙他們的男子之間的靈魂意識場進行連結與對話後，我發現：若非我當時抱著「躺平」的心態，完全封閉與村民的交流，那位男子也無法利用我與村民之間搖搖欲墜的信任感來行騙。換言之，我未盡的責任與缺席的互動，正是事件走向悲劇的前因。

雖然那些錢並非我拿走，卻受到村民們的遷怒而被打死。令我意外的是——我竟然不怨恨他們，反而升起一股強烈的自省與誠實面對的勇氣：「若非我逃避自己該做的事，就不會埋下這場禍根。」」

至於那位行騙的男子，我也無須糾結於「我都受到報應了，他為何沒有受到報應，反而還逍遙自在？」而感到不公平。因為我明白：每個人都要為自己的選擇與行為承擔相應的後果，只是那個後果是否發生、如何發生，未必會在我的時間軸或視角中顯現罷了。並非「天道不公」，而是「宇宙自有其平衡」。

4. 如果當時的我，願意主動走出教堂，與村民建立信任關係，那麼就算日後村民發現自己受騙，也會知道這是某個人的個人行為，而不會將怒火轉嫁到我身上，更不會發展成我被圍毆致死的結局。畢竟，冤有頭，債有主。

所以「我並不是一個無辜被村民及那男子欺騙的受害者。」這個領悟對我來說至關重要。既然我不是受害者，實相上也就不存在百分之百加害於我的人事物。既然我沒有「受到創傷」，又何需「被療癒」呢？當一個人能夠突破「自我療癒」的框架，穿越「受害者意識」，那麼「心靈療癒」這件事自然就失去其必要性了。

對每一位經歷潛意識回溯印記的個案來說，他們能夠領悟到自己並非「受害者」、「倒霉鬼」、「不夠好」、「很差勁」、「沒有能力」、「沒資格」等自我否定、批判、價值貶低的認知信念，如果以此來詮釋自己的人生，那麼他將如何「超越自我療癒的邊界」，重新定義自己生命價值與靈魂定位，迎向未來呢？

這也正是我當初創立量子轉念引導技術系統時，想帶給每一位人類靈魂的終極禮物——不是讓人「療傷變好」，而是讓人「知道自己本來就很好」。

接著，雨曇再次以問句指令引導我：「那些村民，是你今生認識或相處過的誰嗎？」

話語一落，我心中立刻浮現幾張今生熟悉的臉孔，他們分別是我在線性人生的不同階段中，曾對我造成重大創傷的人。我一一說出他們的身影、以及與我之間的關聯細節，讓雨曇掌握我潛意識印記的回溯脈絡，也方便她接續引導我的意識，進入更深層的轉念與覺醒。

雨曇再問：「那位詐騙村民錢財的男子，是你今生認識或相處過的誰嗎？」

聽到這句指令的剎那，我的腦海像是被一道閃電劃過，浮現出一張十幾年前曾與我共事的同事臉孔。其中有個人，今生也曾以幾乎同樣的行為模式與事件，在我的生命劇本中重現。當這張臉出現時，我內心卻升起一股抗拒感，因為我不想再次認定是她，不想讓自己看起來還耿耿於懷、無法釋懷。但同時我知道，誠實說出，是為了讓雨曇能繼續依據技術步驟，引導我穿越表層的反應，深入意識更核心的轉念。所以我還是誠實地說出那個名字、那張臉。

沒想到，當我說出來、並配合雨曇後續的引導步驟時，我才發現自己早已不再怨恨那個人了。我感覺得到，內心真的已經完全放下了。我靜靜檢視自己的內在狀態——真的沒有一絲的委屈與憤懣，沒有勉強，也沒有想證明「我很寬容」的自我包裝。那一刻，心裡真的好開心（笑）。

在雨曇引導我與樞機主教的意識進行對話時，我發現，當時是我自己主觀認定，若拒絕樞機主教的任命，便是對侍奉上帝的事業有所虧欠。因此，當他表明希望我前往村莊傳教時，我並沒有說出自己真實的想法與意願。

其實在樞機主教的眼中，他看見的是我長年致力於經典律法的研究，對我的成果充滿信心。他內心是抱持著信任的想法，認為若由我前往，必能將福音傳播給更多人，並非強制命令。只是當他詢問我意見時，見我沒有明確反對，便以為我是欣然接受，於是就正式授命了。

回顧與樞機主教的對話，我也看見自己今生某種慣性模式：當面對長輩、上級或身分地位高於自己的人時，常在公事上傾向順從對方，即使心中有不同想法，也習慣選擇沉默與配合。直到實際執行時，內心又會出現抗拒、委屈等感受，甚至轉以「躺平」的方式消極應對。

我洞見到：「是我自己不敢承擔自己的想法和言行，才為自己鑄成這樣的惡果」這樣的反應模式，也如實映照出前世所經歷的一切。

接著，雨曇繼續以問句指令引導我：「那麼樞機主教是你今生認識或相處過的誰呢？」

我內心竟然浮現出今生曾遇見的一位印度籍 Guru，他來自 Vastu 世家，精通納迪葉解讀。雖然我們僅見兩次面，但那份連結始終難以言喻，令人印象深刻。

尤其是第二次見面的那天，在完全沒有預期的情況下，Guru 送了我一個「大師圖騰」。翻譯者轉述說，這個圖騰並不屬於納迪葉中透過出生時辰所推算出來的個人圖騰，而是累世曾擔任過

Guru、且今生也是 Guru 或從事相似工作的人，才會在特別的訊息指示下被賦予領受這個圖騰。

Guru 說，他來台灣前並不知道圖騰會交予誰，只是每日冥想時收到指引，說這趟台灣之行會與圖騰的真正擁有者相遇。如果沒有遇到，就會將圖騰帶回印度。

就在那天清晨的冥想中，他腦海中浮現了我的臉孔，於是他知道，圖騰就是要交給我。當時距離我們初次見面已有六年了，我們也不是會經常聯繫的關係。如今在雨曇的引導中，這位 Guru 的形象竟然浮現，讓我感受到一股難以言喻的深刻因緣，彷彿早已注定今生會以這種形式再次重逢。

這個過程也讓我領悟到，無論是以個案的角度，還是身為量子轉念引導師的角色，多數人在回溯前世記憶時，往往忽略那些隱藏在情節所帶來的震撼與情緒下的真相——

「看見前世，並不等於真正明白因果；看見情節，也不代表已經通透真相。」

以這次回溯為例，如果我僅停留在那些具體畫面上——我作為一名神父，不是出於自願而奉命前往偏遠村莊；我信任的男子暗中設局，騙取村民財物後逃逸；村民因無法找到他，將所有怨怒投射在我身上，最終我死於群毆——這些震撼畫面很容易讓人下意識地認定：「這就是我今生某段痛苦經歷的『前因』。」

於是，今生我遇到那位作假帳、騙取我信任並捲款潛逃的同事，接著又承受旁人對我與他同流合污的懷疑與言語攻擊所帶來的冤屈，大腦很快就將這兩件事串聯，視為「因果循環」。但若只是這樣看待，我不過是用一個看似嶄新的靈性框架，來強化舊有的故事與認知而已。

量子轉念引導技術的核心提醒我們：每一段過去的經歷，不該只被視為今生痛苦的來源，而是需要被重新看見其中尚未轉化的認知信念編碼。如果我只是將那一世的事件視為「因」，那麼我可能會錯過更深層的洞見——為什麼我會在兩個不同的時空裡，都需要經歷「被誤解」與「信任被出賣」的體驗？

或許，這不只是所謂的「償還」，更像是一種來自靈魂深處的呼喚，等待我去覺察的信念訊息，像是「當我敢於承擔自己的想法與行動時，就不會誤把他人的需求當成比自己更重要的責任」；又或是「當我願意去做自己該做的事，就不會埋下被村民打死的禍因」。

真正需要轉念的，不只是那段過往的痛，而是那些潛藏在印記深處、主導我選擇與反應的信念認知。

量子轉念引導技術的用意，從來不只是畫出一條直線的因果，而是幫助我們看見：在整個意識訊息場中，每一次的遭遇，從來都不是懲罰，而是靈魂為了喚醒我們的覺察與成長，所精心設計的邀請。

案例二──無法與大女兒和諧相處？三世罪疚影響親子關係

這位個案是一位育有兩名小學孩子的年輕媽媽。長期以來，她在相處與教育上，對十歲的大女兒存在著嚴重的情緒失控問題。在教養過程中，她經常忍不住大聲斥責女兒，有幾次甚至還動手體罰。每當丈夫在場，為了防止事態惡化，常會對她大聲說：「不能好好說嗎？一定要用這種方式嗎？妳怎麼會變得跟妳媽一樣？」

每當事後獨自靜下來時，她總會對剛才對女兒的行為感到後悔與挫折。在教育孩子這件事上，她充滿焦慮與悲傷。她曾參加過多位親子教育專家的課程與諮詢，也明白許多可行的調整方向，然而，每當與女兒互動，情緒再次爆發，事後的懊悔與自責又會將她拉回惡性循環，讓她感到越來越灰心。

在閱讀完我寫的《量子轉念的效應》、《量子轉念的效應2》，並看了《啟動高維意識量子場》一半內容後，她感受到這套技術方法或許能協助她，於是主動私訊我，報名了《量子轉念引導技術系統：第一階課程》。

課程結束後，她才真正理解到，問題的核心既不在孩子，也不在她的情緒控制力，而是在潛意識裡長期未被看見的印記認知。僅僅在第一階結束後的兩週內，她與大女兒的相處竟一次情緒都沒爆發過，就連她的丈夫也驚訝地發現這不可思議的變化。這個轉變讓她既驚喜又充滿信心，不但下定決心要繼續完成第二、三階課程，更堅定地相信，量子轉念引導技術能真正協助她化解與女兒之間長期以來的問題。

於是，她主動詢問是否能預約一對一引導，我也答應接受這次預約。考量我個人的行程與作息安排，此次實作時間為五小時，並在同一日一氣呵成完成。

在引導正式開始前，我請她閉上眼睛，進行保密承諾與靜心放鬆的前置引導。隨後，我請她敘述最近一次與十歲大女兒之間，因教育問題而產生情緒衝突的事件作為回溯起點。

由於此次引導時間長達五小時，一方面，我必須呈現潛意識中印記認知信念是如何投影於現實生活的發展軌跡，並揭示它如何在生命的線性物理時間中輪迴重現；同時，也要讓讀者看見這些印記認知是如何悄然閃避意識的覺察，無聲無息地被腦補成我們觀看人事物的標準。如此，讀者才能清晰掌握整體的來龍去脈。

礙於文字篇幅的限制，部分事件的敘述將會以重點方式節錄呈現。

- **回溯起始事件為：**

前一晚，大女兒到了該就寢的時間，卻跑來說找不到牙套。她跟著女兒走到房間，看到房內一片凌亂，情緒當場就被觸發，語氣不悅地說：「之前不是就說過了嗎？房間東西要整理好，不要亂丟，現在搞成這樣，自己去找。」

女兒聽完，馬上氣憤地瞪她一眼，帶著情緒翻箱倒櫃地找牙套，結果還是找不到。母女兩人各自不悅，她也隨即回到自己房間不再理會。

我問她：「當妳站在房間裡，看著眼前場景時，是什麼畫面讓妳產生生氣的情緒？」

她回答：「我看到明明是女兒自己做錯，東西沒整理好才找不到牙套，怎麼還敢擺出那副臉，好像我做錯了一樣。」

我接著問：「這件事讓妳有什麼感受和想法？」

她說除了生氣，內心還有一種難以言喻的感受：「只要事情做不好，就會被生氣地對待。」她也說不清為何會有這種感覺，同時還伴隨一股深深的挫折感。

這說明了，她潛意識中藏有一條深層印記信念：「只要事情做不好，就會遭到憤怒地對待。」

像這樣，在事件中明確感受到負面情緒與想法，卻說不出原因時，代表她正處於潛意識印記的認知重播中，將那些過往記憶編碼為自己當下的真實想法。對此，我不會在這些「果相」裡使用任何「諮詢、療癒或問話技巧」去改變她、說服她或勸導她，那只會徒勞無功。

因為，一個正陷入幻境中的人，在尚未「自覺」自己身處幻境時，是不會認為自己需要尋找出口的。

所以，量子轉念引導技術所採用的，是回溯與追蹤印記軌跡的方式，找到真正能觸發轉念的關鍵印記事件點，藉由印記本身的能量訊息來「借力使力」，引導個案「自覺」自己的內在狀態，並完成意識上的「轉念」。

・回溯至第二個相似事件：

個案說，上週五小兒子在家寫功課，寫了兩頁就放棄不寫。她發現後催促他趕快完成，小兒子卻表示他不想寫，想去做別的事情。個案明確拒絕他的要求，告誡他要寫完功課才能做想做的事。

等了一會兒後，個案到小兒子的房間查看，一打開門發現他竟已睡著。她沒有叫醒他，只是看著孩子，內心卻升起一股怒氣，覺得小兒子總是這樣，事情沒做完就想轉移目標、逃避責任。她對這種隨意放棄、不負責任的行為感到非常生氣。

這個反應模式，其實與她在大女兒事件中所出現的潛在信念「只要事情做不好，就會被生氣對待」的觀點不謀而合。

・回溯至第三個相似事件：

個案又說，約莫兩週前，她收到手機中大女兒班級群組的訊息，老師在群組裡留言表示，大女兒的作業沒完成，請家長留意是否能協助孩子完成家庭作業。

當她看到這則訊息時，內心湧現一股羞愧與自責，心裡想著：「才一天沒看聯絡簿而已，她怎麼就這麼大膽？怎麼會讓我這麼丟臉？我真的很沒用，沒把女兒教好……」

這段內在對話，透露出她潛意識深層所持有的印記認知觀點——「只要遇見讓自己丟臉的事，就覺得自己實在很沒用。」

這樣的印記認知，與「只要事情做不好，就會被生氣對待」之間，究竟有什麼樣的潛在連結？為了釐清這點，必須沿著印記所構築的線性時間軌跡，持續回溯至更早的生命經驗。

・回溯至第四個相似事件：

那是個案七歲那年發生的事。某天，她一個人在家中客廳偷吃麥芽糖，那是裝在玻璃罐裡的麥芽糖。當時她沒吃完，隨手將糖罐放在兒童電動車的引擎蓋上，卻忘了蓋緊罐蓋，結果整瓶麥芽糖翻倒，糖漿流滿了車蓋。

媽媽回家後，一看到這個場景便勃然大怒，二話不說就對著她大聲叫罵，要她把流出來的麥芽糖全部吃掉，還罵她做這種白癡事，簡直像個白癡一樣。

我問：「當時媽媽罵妳這句話的語氣，讓妳有什麼感受與想法？」

個案回答：「我覺得只要我做錯事，就會被嫌棄，我是個很沒用的人。」她也補充說，那段童年經常遭到父母大聲責罵，無論做任何事情都不會得到父母認可。

我觀察到，個案在敘述被母親大聲斥責的當下，已進入了足以產生「無意識狀態」的場景條件。她敘述自己的感官經驗，例如用手挖麥芽糖吃進嘴裡時，因天氣炎熱而混雜著電動車蓋的塑膠味，使她噁心想吐，卻又不敢違抗母親的命令，只能強忍著繼續吃。這些細節皆是深刻烙印在潛意識中的印記內容。

透過引導，這些早被遺忘的潛意識印記便自然浮現，讓她再次清楚地重回那個時刻。

她接著說，她終於受不了，跑到廁所把塞滿嘴裡的麥芽糖吐出來。我繼續引導問她：「妳吐的時候，有聽到什麼聲音或語句嗎？」

個案哭著說：「媽媽跟著進來，對我大聲咆哮：『浪費東西，妳這個垃圾女人。』她邊罵邊把我的頭往馬桶壓，然後對著我的頭和背亂打，最後還甩了我一個巴掌……」她邊說邊哭，並表示那時臉頰真的很痛。

我接著引導她：「那時候妳的身體有什麼感覺？」

她說：「我全身僵硬，因為媽媽對我的打罵太令我害怕了，我不敢動。」

我再問：「那麼妳當下內心最真實的感受與想法是什麼？」

她回應：「我對自己說，媽媽打完就好了，做錯事就是該被羞辱、被糟蹋。」

這段情節中，「要她吃光麥芽糖」、「做了這種白癡的事，像個白癡一樣」、「噁心的麥芽糖味混著塑膠味」、「浪費東西，妳這個垃圾女人」、「頭被壓進馬桶、臉被賞巴掌、身體被打」等場景和言語，都是直接嵌入潛意識的深層經驗印記。

而個案當時腦補出的認知：「只要做錯事，就該被羞辱與糟蹋」、「我是個很沒用、被人嫌棄的人」，便成為她往後在生活中重複自我詮釋的內在觀點，也是她潛意識裡的認知信念模式來源之一。

然而，儘管這個事件內容與情緒張力都已呈現得非常具體，對於個案是否能「心甘情願」地從受害角色中覺醒過來，尚不足以構成可以發生「轉念」的關鍵點。因此，接下來仍需持續回溯至更早、更具轉念威力的印記關鍵事件，才能真正撼動這一層層疊加的信念結構，產生鬆動、覺知與轉念。

・回溯至第五個相似事件：

個案稍作遲疑，我立刻察覺到她內在的停頓，便提醒她：「不需要自己在心裡偷偷分析或判斷，把浮現的記憶影像說出來，交由我來判斷就好。」這是為了避免她用頭腦干擾當下潛意識印記自動浮現的過程。

原來個案遲疑的原因，是因為浮現出的記憶來自十歲那年與弟弟之間發生的事——比上一個七歲事件還晚，她感到困惑，認為與我指引她要「回到更早之前」的指示不符。我安撫她的困惑，表明只需要順著潛意識的引領往下敘述即可。（前面章節已有提到「潛意識＝零點場」，在這個零點場中，所有印記都是同時存在，並非按照線性時間排列，所以浮現出來的事件不受限於時間順序法則。）

個案開始敘述：「那時我和弟弟在客廳玩，爸爸正在廚房準備晚餐。煮好之後，他先叫弟弟去端菜，弟弟拒絕了，結果爸爸轉而叫我去端。我心想，弟弟都可以拒絕了，那我也拒絕看看。沒想到我一拒絕，爸爸立刻賞我一個耳光，罵我說：『叫妳做個事情都叫不動，長這麼大是要幹嘛？一副嬌貴的模樣，又沒本事，有什麼用？』我清楚看見他當時非常生氣的樣子，還有帶著鄙視的眼神……」

在這段事件中，父親打耳光的行為、責罵的語言，以及明確表達出的貶抑情緒，全都強烈地烙印在個案潛意識中，包含了當時她對「自己存在價值」的認知評價。

我引導個案深入感受：「那時候，妳的內在感受和想法是什麼？」

個案回答：「我覺得很不公平，這根本是差別待遇，我心想：反正不管我做什麼都會被罵，那我就當一個沒用的人就好了。我不想長大，因為長大的代價就是責任很大，壓力也很大。」

這段回答，已不是單一的情緒反應，而是潛意識已經形成穩固的認知信念結構，我便趁勢引導她去比對剛才敘述的兩段與大女兒的互動事件，她開始意識到，自己其實正不自覺地將童年所習得的認知信念，投射到女兒身上。

然而，這份覺察雖已開始發芽，仍不足以鬆動她對「我是沒用的」、「責任是可怕的」這些印記的核心認同。我知道這還不是她轉念的關鍵時刻。這個事件仍未觸及她潛意識結構中足以真正讓她「心甘情願」放下受害角色的關鍵，我必須再深入回溯，直到找到那個根源事件。

・回溯至第六個相似事件：

個案一開始說：「我身處在一個很黑暗的地方，媽媽把我關在一個靠近廚房的房間。」

然而，她卻無法明確說出這是哪個時間點的記憶，也無法解釋自己為什麼會被母親關起來。她所敘述的片段，在我聽來就像是從一大堆被打散的拼圖碎片中，隨意取出一小塊看不清整體的殘影。

我從不同角度，以交叉問句協助個案釐清意識流向，直到她終於鬆動心防，說出：「我內心有一種預感，好像早已預測這一世將要面臨很多痛苦，所以下意識地選擇不去承認已經發生的事，刻意用一種『不想存在於這個世界』的方式逃離痛苦。」

這時，我柔和地提醒她：「當下的妳處在一個絕對安全的場域，沒有人會指責妳、批評妳。妳可以放心地說出內心的任何感受與畫面。」

個案才漸漸發現，那個「被關在黑暗房間裡」的片段，其實並非今生的童年記憶，而是來自某一世的記憶片段。我透過問句指令，協助她回溯並還原那一世的事件背景。

她接著說，畫面顯示自己身在一座歐洲古墓旁，當朝的母后下令，要她陪葬剛過世的國王。

我問她：「妳當時聽到了什麼話語？」

她說：「我被幾個侍衛押著，聽到母后說：『妳這個妖孽，竟敢毒死國王！就派妳去陪葬贖罪吧。』然後我就被活埋在國王陵墓裡死掉了。」

於是我繼續引導個案逐步還原這一世的事件脈絡。這一世的她，從小出生在貧苦人家，母親動輒對她暴力相向，打罵不斷，常將她關在靠近廚房的小房間中懲罰她（原來這正是她前述畫面出現的根源）。

到了青春期，她被母親賣進妓院，過著被剝奪尊嚴、毫無自由的生活。在那地獄般的日子裡，她一心只想逃離，重新開始。

直到二十多歲，一位身分特殊的男子來到她面前，提出一筆交易。他說，只要她答應合作，就會替她贖身離開妓院，不僅可以獲得自由，還能享盡榮華富貴。交易的內容，是讓她進入王宮當婢女，博取國王的寵愛，一旦成為王妃，就在國王飲食中加入特製的藥粉，讓國王沉溺於情慾、失去理政能力。

我問她：「當時妳對這筆交易是怎麼想的？」

她說：「我當時還特別問那男子：這藥是不是會毒死國王？他說不會，只是讓人昏昏欲睡、失去精神，不會致命。我當時心想：如果能脫離妓院，又不會害人性命，我就願意做。沒想到，我竟真的吸引國王注意，還獲封王妃，卻萬萬沒想到，最後的下場竟是被活活埋入墓穴中陪葬。」

她繼續說：「直到國王死的那天，我才從其他人口中得知，那男子給我的香與藥，全都含有微量毒性，長期使用會累積毒素，導致慢性中毒而死……這根本是陷害我。」

我接著引導她去確認那位為她贖身、設局的人是誰？

她回溯出來，原來那人是國王的弟弟，整起計謀的真正目的是奪權。

我進一步問她：「那一世裡的母親、國王、國王的弟弟和母后，是妳今生遇過的誰嗎？」

她反覆確認後，搖頭說沒有對應到今生的對象。

我便問她：「從這一世的經歷與結果，妳看見了什麼？」

她說：「我當時只在乎自己終於能自由、能出頭，完全沒去深究那筆交易的真相。一心只想達到目的，沒想過那目的會害死人……我這才意識到，自己有個深藏的信念：『只要能達到目的，不管別人死活。』」

雖然我後續引導她向那一世的國王靈魂意識懺悔，也獲得寬恕，但我很清楚她剛剛浮現的認知信念：「為了達到目的，不管別人死活」，才是本場回溯中最具轉化意義的信念原型之一。

但這個信念是如何誕生的？又是在哪一個「關鍵時間點事件」中成形？目前還未被發現。因此，我知道引導還不能結束，必須再繼續深入，帶領個案往更早的前世事件回溯。

- **回溯至第七個相似事件：**

這一世依然是古代歐洲時期。個案看見自己是一位二十歲女性，正在教堂裡面對著十字架懺悔，有人因她的醫療失誤而死亡，讓她覺得自己非常沒用。原來當時的她是某位醫生的學徒兼助理。當時正值黑死病大流行，死亡與恐懼瀰漫人們的生活。醫生交代她製作草藥，但她為了節省時間，省略了燒烤草藥的步驟，導致藥物製作失敗。因為害怕被醫生責罵，她沒有據實以告，結果使用這批藥的病人因此死亡。

這件事讓她極度恐懼，不敢再從事任何醫療工作。她先逃到教堂懺悔，之後就躲回家中足不出戶，自暴自棄。不久後，病人的家屬提告她，她被逮捕，最後因醫療過失致死而遭判死刑，結束了那一世的生命。

我引導個案進入深層意識觀想狀態，讓她與當時因藥物失誤而死亡的受害者及其家屬的靈魂意識進行連結與對話。待充分理解雙方彼此的感受、情緒與想法後，我引導她向那些受害者懺悔，也獲得他們的寬恕。這段對話讓個案覺察到自己在工作上的心態與認知有明顯偏差，必須重新調整。

她明白，如果在職位上的「心態不對」，就會衍生出問題。如果當時對待這份工作能更認真、嚴肅，自然會意識到自己所承擔的責任有多重要。身為學徒助理的她，沒有意識到這個角色應負的責任，讓一個小小的錯誤，演變成無法挽回的悲劇，最終導致她被處以死刑。

她也理解到，如果當時照著醫生的指示完成草藥的製作，即使病人最終沒能救活，她的內心也不至於像現在這樣自責與懊悔。至少那時候的她已經盡力了——畢竟醫生不是神，不是所有生命都能被拯救。

個案已開始察覺到，這一世的人生結局，源於當時她草率的心態與逃避責任的行為。當她不再卸責，願意承擔自己身口意所帶來的一切後果，我知道，讓她轉念的關鍵時機，已然浮現。

於是我問她：「妳是不是曾認為，只要逃避責任，就可以減輕因承認過失而被責罵的恐懼？」

她幾乎是毫不遲疑地點頭回應：「是的！」

我再問：「那麼妳在逃避、躲藏的期間，恐懼有如妳期望的那樣減輕或消失嗎？」

她像是被點醒了一個深埋的事實：「並沒有，反而每天都疑神疑鬼的。」

我再問：「那麼，和最後被逮捕、審判，直到被處決相比，哪一種恐懼感比較強烈？」

個案眉頭緊鎖地說：「被逮補、審判直到被行刑的過程，恐懼感比承認過失與逃避躲藏期間還要大上百倍。」

我引導她回顧自己方才所說答案，問道：「對照妳剛才所回應的每個答案，有什麼發現？」

個案像是剛從層層霧中走出來般地說：「那時候的自己因為太害怕被罵，所以不敢誠實告知，結果不但沒有消滅恐懼感，反而被病人家屬提告，還因醫療過失被判死刑。那種恐懼比我當初害怕被罵的恐懼強太多了。原來，以逃避責任來減輕恐懼的做法，結果反而得不償失。」

這一刻的她，不再只是敘述事件，而是真正從事件中「看見」了什麼，意識正在發生鬆動與轉化。

我趁勢深化這份覺察，問她：「剛剛這幾個發現，和妳歐洲國王陪葬的那一世相比，有什麼相似之處嗎？」

個案再度領悟地說：「跟當醫生助理這一世一樣，我那一世也因為害怕承擔責任而逃避。在執行下毒任務三、四個月後，我就發現國王身體變差、精神不振，但我害怕一旦說出口就要回到被贖身的妓院，於是選擇忽視這些警訊，自以為只要繼續執行任務，之後就可以過上更好的生活。沒想到卻導致國王中毒身亡，我也因此被安排陪葬。那一世的自己根本是盲信他人安排，任人擺佈自己的命運，最後反而沒有好下場。」

我繼續引導她回看：「那妳醫生助理那一世的發現，和今生在教育孩子們時面對的煩惱，有什麼關聯？」

個案停頓了幾秒後說：「十歲時，我只是單純模仿弟弟的行為，卻沒意識到自己該有的角色與本分，現在回頭看，我明白為什麼爸媽的情緒會從無奈轉為生氣。那時的我常被爸媽罵，內心總覺得自己是個沒用的人，也常覺得自己是那個老是被打罵的無辜受害者。後來我甚至故意去做一些不該做的事，反正怎麼做都會被罵，乾脆就做個他們口中的壞小孩。」

我引導她深入覺照：「那麼，妳從這兩個前世與今生事件對照中，是否發現內心深處有哪些潛藏已久的認知信念模式，一直影響著妳的觀點？而這些觀點，又如何形塑妳的人生經歷？」

個案沉思片刻，帶著覺知的神情：「這三世裡，有一個共通的認知模式，就是當我一開始就帶著恐懼去面對問題時，我就無法清楚辨認自己的角色定位，以及當下應盡的責任。結果很容易被別人的言語或立場牽著走，甚至像進入某種無意識的催眠狀態，一頭栽進別人的劇本裡，跟著做、跟著反應。等到事態發展出問題時，我就會直覺性地認為：都是別人害我的。這時的我，會對自己深感無奈、充滿悲傷，進而掉入一種不斷上演的『受害者情節』，理所當然地陷入自我批判與自我貶低的漩渦。

「我看見，那是由內疚與恐懼編織出來的情緒迴圈，深深控制了我。那股力量讓我活在『怕被罵』的陰影之中，於是內在自動批判自己是沒用的人，並專注在『只要犯錯就會被處罰』的信念上，結果眼裡所見全是自己如何被懲罰的畫面，最後，我的潛意識就這樣篤定地相信：我是一個受害者。

「可是，如果我一直堅信自己是受害者，又怎麼可能有力量去扭轉命運、改變現況？更何況，我一直以為造成困境的是別人，可現在回頭看，真正讓我陷入悲劇的，其實是自己選擇了逃避卸責，害怕面對責任，沒有承擔的勇氣。」

我再柔和地問她：「那麼，經過這將近五小時的轉念引導，妳有什麼樣的領悟？」

個案語氣堅定地說：「我終於明白，一直綑綁我的，是那股罪咎的力量。原來，我內心每天那股深不見底的悲傷與焦慮，是因為這些前因後果的真相沒有被看見。直到今天，我才真正釐清自己是如何一再地以逃避模式和受害者心態來應對生命。從那個最初只是不敢面對的小問題開始，一路擴大成無法收拾的大災難。我現在清楚地看到了——這樣的心態與選擇，在兩個前世裡都帶來極其慘烈的下場。看到那兩世結局的殘酷，讓我此刻下定決心：今生，我絕對不要再重演同樣的悲劇。」

為這位年輕媽媽進行的五小時一對一量子轉念引導，就此結束。幾個星期後，我收到了她的私訊——

嘉堡老師：

上次做完引導後，真的很感謝你，幫助我很多，以往在幫孩子複習課業，我常感到煩躁和不情願，女兒國文不太好，很多字不會，無法理解文章表達的重點。她現在四年級，最近我從她二、三年級的國文開始，陪她理解字義，練習寫圈詞與相似字，還有熟悉成語的意思，我們在做這件事的同時，有了歡笑聲，效率也不錯，我也發現原來學習可以是有趣的、是互動式的。我考她，她也考我。在這過程中，我陪她複習參考書，做考試本，感覺自己也在學習，提升自己的國文能力。我們花了四天寫考題，都寫到半夜兩點多，但都心甘情願。

以往女兒只要有多加功課，大概不用一週，半夜睡覺會說夢話大罵人，腳也會踢來踢去，沒在學習的時間也會突然暴怒，但目前已經學習三週了，都沒有這樣的情形發生。

自己過去在學習時，遇到學不會的就直接跳過，也沒有當下試著弄懂。這次陪女兒學習的過程中，遇到不明白的字，我有特別去理解，才教給女兒，其實蠻有趣的，而不是像之前那樣，把書本丟給她、叫她自己全部讀懂。過程中也注意到她會在白紙上畫格子，寫注音考自己，雖然很花時間，但我還是主動提供練習簿給她，加快學習的效率。

原來當我們不再害怕問題，也不逃避、假裝看不見，只要訂下目標，就會有方法去執行，嘉堡老師創立的量子轉念引導技術真的好神奇呀，我受益良多。

我在這麼多位預約「量子轉念引導技術」個案身上，看見他們驗證了《金剛經》那句：「凡所有相，皆是虛妄。若見諸相非相，即見如來。」

以這位個案為例，當下生活中的苦惱是如何教養就讀小學的大女兒。若依常識來看，問題顯然出在母女之間的相處，既然女兒是引發問題的「對象」，那麼只要針對她的行為、態度或學習方式著手，找出改變女兒的方法，問題就應該能迎刃而解。

換句話說，誰讓你痛苦，就處理那個人：兩性關係出了問題，就研究兩性問題；人際關係卡關，就學習社交技巧；親子之間出現摩擦，就研究育兒策略。這樣的邏輯，就像數學題一樣，有明確的對象和公式可以套入，得到答案。

但，**心靈層級的問題**，**從來就不是數學問題**。

如果人類的苦，只要一套標準解法就能解決，那佛陀早就不需要開悟了。

本案正是顛覆「常識思維」的震撼答案——真正造成她苦惱的，不在大女兒身上，甚至與親子教養方法無關。即便從靈性的視角出發，認為這一定是「前世有債，今生來還」，將大女兒視為肯定是來討債的靈魂。但問題也不在這裡——因為，回溯的前世記憶中，並沒有哪一世她曾傷害過今生女兒的靈魂，也不存在任何人之間未了的怨恨。

問題的源頭，藏在她潛意識中的「印記認知信念模式」裡。

她長期面對問題時的慣性，不是承擔，而是逃避。這在她意識中形成一個合理化的敘事：「我是被逼的，我是無力的，我是被傷害的，我只能被罵。」這樣的模式一再投射於前世與今生的處境之中，讓她在每一段關係裡都成為那個「受害者」，反覆驗證自己「無能、沒用、值得被罵」的信念，也使她一再創造出讓自己受傷的場景。

這不正是佛陀所說的「凡所有相，皆是虛妄」嗎？

若把注意力集中在處理這些「相」，卻沒看見藏在相下的「心念」，豈不是把自己當炮灰？若沒有引導她深層回溯，她也無法發現，原來影響今生與孩子互動的深層苦痛，來自前世一再逃避責任、拒絕承擔的恐懼模式。正因為她終於清晰地看見、覺察，並轉念了這個長年埋藏的信念印記，才能從根本結束那個一再重演的受苦輪迴，並開始真正地與孩子建立一種不再以「我是受害者」為起點的新關係。她的覺醒，就是佛陀說的「涅槃」（煩惱滅），不就見證了這句「若見諸相非相，即見如來」？

在這麼多引導個案回溯的經驗中，我也不斷修正對前世今生、因果報應與業力的詮釋。越深入實作，就越明白：事情的發生，從來不是「眼見為憑，耳聽為實」，真相並非你看到的那個人、那件事、那個衝突，而是潛藏在多維意識時空裡的「信念印記」——那才是種子，而不是果實。

我們生活的世界，不是一維線性的因果，而是多維宇宙交織的訊息場。真正的因果，不是「這一生向那一生」互相討還的交換條件，而是潛意識中的能量模式與信念結構，不斷讓我們做出相同的選擇、看見相同的現象、感受相同的苦——直到我們醒來。

那一刻，真正的自由才會出現。

案例三──絕望婚姻的背後：原來是天界靈魂為渡劫而來的安排

這是一位來自中國大陸的女性個案，結婚二十餘年，育有一子。她主動聯繫我，懇求能否預約由我親自為她進行「一對一量子轉念引導」，希望透過這項技術，協助她釐清自己在婚姻中的去留抉擇。

由於多年前，她與我及伴侶曾結下深厚情誼，我便應允了這份請託，特別為她安排五小時的引導時段。

這段時間以來，她的內在長期處於一種「活著沒什麼意義」的情緒中，對於與先生長年的婚姻關係，累積了極大的怨懟與無力感。她說，與其這樣勉強下去，不如離婚一了百了；然而，每當她下定決心時，心底又泛起對孩子的擔憂——害怕離婚會造成孩子心靈創傷，這種糾結讓她陷入長時間的內在拉扯與痛苦之中。

從正式開始引導，到協助她回溯至潛意識中印記認知的轉念關鍵點，我們總共歷時四個多小時，穿越了十二個類似記憶事件，並進入其中一個深藏的情緒印記——她母親過世所帶來的重大創傷。

藉由與母親靈魂的深層對話，讓她得以釋放長達二十年的悲傷。為了讓潛意識中的印記自然浮現，我選擇從她近期情緒起伏最劇烈的一段經驗作為切入點，引導她逐步深入潛意識層層的記憶軌跡。

・回溯起始事件：

她低聲說著，幾日前的深夜，先生又一次應酬後喝得醉醺醺地回到家。她如往常般，默默替他倒了一杯水，輕手輕腳地放在他眼前的桌面上，本以為這樣的小舉動能稍微緩和氣氛，沒想到對方卻突然怒吼：「杯子放桌上聲音這麼大，妳是在不爽什麼啊！」

那一刻，她愣住了，覺得自己根本沒有任何不悅或不敬的舉止，卻莫名其妙成了發洩怒氣的對象。她說，那種突如其來的指責，讓她再度感受到一種熟悉的無力與無解——她與這個枕邊人之間，似乎早已無法溝通。她說，那一刻，念頭再度浮現：「他根本是一個完全無法講理、無法對話的人。」

聽到這裡，我以「量子轉念引導技術」引導她的意識往過去的時間點探尋，是否還有其他類似的事件。

・回溯至第二個相似事件：

她靜默片刻，然後開口敘述：這是幾個月前的下午，先生傳訊給她，請她幫忙找一樣物品。她照做了，處理完後也立刻撥電話回覆進度，然而對方沒有接聽。她心想他大概在忙，就沒有多想，也沒再催，等對方有空自然會主動聯繫。

隨後她臨時出門處理其他事務，直到回家後才驚覺手機遺落在某個角落。找回手機時，畫面已顯示多通未接來電和一則語音留言。

播放語音時，傳來熟悉的聲音，那是他喝醉後特有的語調，一連串不分青紅皂白的指責：「為什麼不接電話？不回我訊息？妳到底在搞什麼鬼？」

她當下立刻回撥電話，想要解釋整件事原委。沒想到電話才一接通，對方酒意上身的聲音，毫無過濾地暴衝而來：「臭婊子，妳放屁……」

那瞬間，她整個人僵住，怒氣、委屈、震驚全都湧上來。她無法接受自己會被枕邊人用這種語言對待。說到這裡，她語氣裡充滿被摧毀的信任與失望，她說這不是第一次了，只要他一喝醉，就變成完全無法溝通、滿嘴髒話的人。她說：「我真的不知道，我們之間還剩下什麼？這段婚姻到底值不值得我繼續委屈自己？」

我聽完後，心裡深知此刻她所觸碰到的，不只是事件本身，而是一層層被疊加的潛意識印記被觸發。我接著引導她往更早的時間點回溯，尋找是否發生過其他類似的事件？

・回溯至第三個相似事件：

她語氣沉重地說，那是發生在去年的某個夜晚，已近凌晨。先生又與一群朋友應酬後醉醺醺回家，她如往常一樣走去查看他的狀況，結果再度迎來一場無端的情緒風暴。

毫無預兆地，他眼神渙散、語氣暴戾地對著她怒罵：「臭婊子……」這樣熟悉卻依舊令人心碎的字眼，再次刺傷她。雖然內心震怒且難過，卻依然壓抑情緒不作回應，默默地回房靜靜睡去。

她說，那晚她在心中暗自立下決心：「只要他再罵我一次『臭婊子』，我一定要離開這個人。」但她卻又補了一句：「但說真的，我很害怕跟他吵架。」

聽到這裡，我可以明確辨識出她的潛意識，被一個與「我很害怕跟他吵架」這個深度綁定的印記所牽引，於是我繼續往更早的時間引導回溯。

・回溯至第四個相似事件：

她靜默一下，回溯到老公頭一次罵她「臭婊子」的記憶：

「我想起來了……那是二〇一七年，當時我們還住在加拿大。那晚他又喝了很多酒回來，情緒一上來，就開始挑剔一堆雞毛蒜皮的事，然後突然怒吼：『妳到底有沒有把我當老公？妳這個婊子……』」

話還沒說完，她的情緒瞬間潰堤，眼淚大滴大滴流下來。她哽咽著說：「我那時真的很傷心，我好想她……我只敢一個人躲在浴室裡哭，整個人像是被掏空了一樣，感到非常孤單。」那一晚讓她痛徹心扉的，不只是被辱罵的羞辱感，而是這些話出現在她最脆弱的時刻——她的母親才剛過世不到兩個月。

聽到這裡，我深知，她心中對於痛失母親仍懷有許多未解的情結，也可能藏著尚未釋放的愧疚感。若不先與亡母靈魂進行深層對話與告別，這段印記將阻礙她接下來的回溯進程。

於是我選擇在此處停下腳步，以「量子轉念引導技術系統」中的《生死告白道別法》，引導她處理與母親之間未竟的情感連結。

坦白說，當我引導她回溯至此時，我也同樣感受極深。每一次，她在被辱罵後，都堅定地對自己說：「如果再罵我一次『臭婊子』，我就離開他。」但奇怪的是，這句話彷彿永遠只是說說，從未實現。

從這四段回溯情節中，我已經明確辨識出一個輪迴模式：只要對方再罵一次「臭婊子」，她就會再次受傷、再次忍讓、再次不離不棄，然後又再次默默承受。

那到底是什麼關鍵力量，無法讓她「隨心所欲」去過自己想要的生活？又為何一直陷入在這輪迴裡？——這不正是絕大多數人都在經歷的情況？

顯然，這不是邏輯與意志的問題，而是關於潛意識印記。讓她遲遲無法離開的，不是她頭腦不懂對錯，也不是她不明白「自己值得更好」，而是潛意識印記的力量——它強大到足以輾壓一個人的意志、理智與認知，讓人毫無招架之力。一旦被這些強烈的印記能量綁架，哪怕頭腦再清楚，也無法「隨心所欲」，反而成為自己過往印記的階下囚。

• 回溯至第五個相似事件：

她繼續回溯，說那是二〇一八年，與先生一同到雲南旅遊。那天晚上，一行人在麗江的小酒吧裡喝酒唱歌，氣氛熱絡。席間，一位陪唱小姐主動靠近她，想加她通訊 App 好友。出於禮貌，又不想當眾冷場，她心想不如先假裝加對方好友，等離開後再刪除，這樣也許能避免尷尬。然而，回到住宿房間後，先生突然情緒失控，不問事情原委，便破口大罵：「妳竟然會跟那種職業的女人交朋友？妳加她好友？妳是不是也想跟她一樣當婊子？」

她說：「他甚至還把茶几整個砸向門口……」這樣暴力又侮辱性的反應讓她感到委屈與羞辱：「我真的覺得他很沒素質、很不講理，但我又不敢跟他吵……我只能裝沒事。」她當下依舊選擇沉默，把所有情緒吞進肚子裡。

聽到這裡，雖然知道這件事也是關鍵一環，但仍非印記轉念的關鍵點。於是我再次以「量子轉念引導技術」引導她繼續回溯。

・回溯至第六個相似事件：

一九九六年，當時她與先生剛交往不久，兩人一同開車前往廣州辦事，沿途舟車勞頓，她因為暈車整個人不太舒服。晚上七點多才抵達下榻的酒店，她形容當時身體疲憊、精神萎靡，根本無法集中注意力。

在這樣的狀態下，先生的堂哥突然來訪。因身體不適，自己根本沒聽清楚先生說要她倒杯水給堂哥，便也沒有動作。當下先生沒說什麼，但從隔天開始，整整兩天都對她冷漠以對、零對話，彷彿她是空氣。

「我根本不知道發生了什麼事，覺得他莫名其妙，為什麼整整兩天都突然不理人？」直到回程途中，他才一臉怒氣地質問她：「那天我不是叫妳倒水給堂哥嗎？妳什麼態度？」她當場非常錯愕與委屈，心裡滿是「他怎麼可以不問清楚、不說明白，就這樣生悶氣兩天，還全怪我？」然而那股憤怒與委屈，她依舊選擇吞下，不想與他爭執。

這段事件明確展現出，一旦被誤解或指責，她便進入「委屈卻選擇沉默」的內在模式，事件也沒有一個結論，最後不了了之。

・回溯至第七個相似事件：

她的意識回到十歲那年，小學四年級的一個午後，爸媽突如其來的激烈爭吵，隨後媽媽離家出走了整整四天。她記得放學時獨自前往外婆家，心裡盼望著媽媽會在那裡。當外婆搖頭說媽媽沒有來過，她只覺得心底整個空了，一股深深的恐慌和失落感包圍了她，「媽媽可能永遠不會再回來了」。

那一刻的絕望與無助，為她種下了潛意識印記：「只要大人吵架，結果就會是分離，而小孩會因此失去依靠、失去愛」。她同時也下了一個無聲的決定：「絕不能讓爭執導致分開，否則就會重演小孩被遺棄般的恐懼。」

我清晰地看見，她口中所謂的「捨不得孩子失去完整的家」，並非表面上的理智選擇，而是來自童年的印記——那條拉住她「無法離婚」的隱形線，導致她在婚姻中的遲疑與糾結。

但我也察覺到，這個場景雖然提供了清晰的「因果關聯」，卻仍只是潛意識劇本中的一個「果相」，它只是串場的配角，真正「和老公之間糾纏不休的相處模式」才是人生戲碼的主劇情。

於是，我繼續順勢引導她沿著這個脈絡回溯。這時，她的內在畫面浮現出十九歲與二十一歲的兩段戀情……

・回溯至第八個相似事件：

她說起十九歲時第一次談戀愛，交往一年。當時男方因家中安排前往美國留學，兩人被迫分隔兩地。在那個沒有即時訊息、手機與網路尚不普及的年代，只能仰賴緩慢的書信與昂貴的越洋電話維持聯繫。一年之中，僅通話三次。

在第三次通話，電話那頭傳來的男友聲音卻已陌生，像是對熟人客套的語氣。他以開玩笑口吻問她：「妳有沒有交男朋友？」這句話讓她又驚訝又委屈：「我們這樣難道還不算是男女朋友嗎？」

她沒回應，對方卻接著說：「我不可能再回國了，要結婚的話，也不可能會找國內的女生，那不現實。」雖沒有明說，卻像是清楚地劃下了界線。這段感情，似乎就此被宣告結束，而她，甚至從未得到一句正式的承認。

從那天起，她選擇不再聯繫對方，靜默地結束了這場未竟的初戀。那一夜，她在心裡深深刻下這句話：「愛情都是假的，愛一個人、對他付出真心，自己是會受傷的。」

這句話成了一道潛意識裡的「結論印記」，影響她往後看待親密關係的核心信念。緊接著，她繼續下一段記憶——二十一歲的那段戀情。

那時的她，開始察覺男友行為異常，內心對「背叛」的敏感與懷疑逐漸累積。直到有一天，她親自去男友家找人，卻在他的衣櫃外衣口袋裡，發現了他出軌的實證。她沒有多言，當場直接攤牌。男友啞口無言，她則毫不猶豫地轉身離開。

她說，那一刻她再度驗證了自己早在十九歲時說的那句話：「愛情都是假的，愛一個人、對他付出真心，自己是會受傷的。」

兩段情感皆未善終，且都讓她親自下了同個潛意識判語，但她還未看見這之中轉念的關鍵點，於是我繼續往下引導。

回溯至第九個相似事件：

她卻沒有回到更小的年紀，反而回想起二十二歲那一年。當時，自助會的風氣盛行，她在一片盲從中糊裡糊塗地跟了會，然後也跟著糊裡糊塗地被倒會，虧了不少錢。

其中有位女士參與者，因不滿自己也被倒會，便將怒氣與責難全然發洩在她身上。那名女士幾乎天天上門，到她父母家鬧事，咄咄逼人。儘管她並非倒會者，卻在壓力與恐懼下，最終只得咬牙掏出錢來，替那名女士承擔損失。這段經歷讓她深感「明知不是自己的錯，卻得自己承擔後果」的絕望與委屈。

如前所述，回溯的印記事件時間點，沒有時間先後的限制。不過此時還未發現足以讓個案轉念的關鍵點，因此我再繼續引導她往更早的時間點尋找。

果然，個案回答我說：「沒有了」。

以我過往的經驗來看，當個案出現這種回應時，常常代表她的意識掉進了以五感官（眼、耳、鼻、舌、身）見聞為「認定事實」的認知模式。也就是說，她的注意力聚焦於「角色、劇情一模一樣」的具體畫面或事件，這樣會因執著於「相」而忽略了更深層、來自內在感知的訊息與覺受本能。因此，當她以「沒有了」作為回應時，我會嘗試以一連串引導指令，讓她逐步連結至潛意識的更深層面。

確認她沒有其他情緒干擾或外在阻礙時，我決定帶領她將注意力移轉至今生尚未出生前的時間範圍，也就是回溯到她在子宮期的時間點。此時，個案腦海中開始浮現一些片段性的畫面。

・回溯至第十個相似事件：

個案一開始只浮現自己在媽媽肚子裡、約六個月大的子宮期畫面，感受到媽媽內心沒有安全感，與爸爸之間幾乎無話可說，氣氛總是冷淡沉悶。我隨即以《量子轉念引導技術系統：子宮期心靈印記轉念法》的步驟指令，逐步引導個案回溯更多細節。

她看見母親在懷孕六個月時，每天都要跟著父親下田務農，工作辛苦，生活單調。爸媽之間沒有交集，也缺乏溝通，母親因此常感到精神空洞，內心有種說不出的疲憊與失落，經常想著：「人生沒什麼值得開心的，不知道活著的意義是什麼？」

沒錯，這段內容正是我希望她專注覺察的核心。我引導她聚焦在母親這句話與其背後的情緒，她終於意識到：原來自己多年來揮之不去的那股低落感，並非來自親身經驗，而是「複製」了媽媽當時的情緒與信念——潛意識誤植了母親的念頭與情感，錯把那當成自己對人生的觀點與信念。

儘管這段子宮期印記清楚揭露了她對生命意義感低落的根源，但我還沒看出潛意識中導致當前夫妻關係困境的關鍵性主角印記與轉念點。於是，我決定引導她回溯至「投胎前夕」的意識階段，從她當時所處的時空狀態，以及「為何設定這樣的生命藍圖」來著手探索。

就在我下達指令後，她便口中喃喃說著：「我是被迫下來的，我不是那麼情願。」

從她的表情可以看出，她似乎還不清楚究竟發生了什麼事，為何會一直說這句話，也無法明確連結到她的生命狀態與選擇。

我持續引導她逐步還原當時的畫面與經歷，探索她所說的「被迫下來」到底是從哪裡下來？為何不情願？與此生的關鍵課題又有何關聯？

・回溯至第十一個相似事件：

她心中浮現的影像，逐漸變得清晰且具連貫性——原來，在今生投胎之前，她曾是天界的一位仙女，但身分只是侍女。某天，她在某個場合中意外見到二郎神的真容，瞬間被他俊美神武的樣貌所吸引，從此成了二郎神的小迷妹。

然而，她隸屬的工作團隊並不屬於二郎神的體系，因此平日裡生活圈與工作圈毫無交集。除非天界有重大活動，各團隊才會齊聚一堂，否則平時根本沒有任何接觸機會。

為了再見二郎神一面，她竟私自潛入二郎神的團隊，意圖假扮其中一位侍女，藉此製造接近的機會。沒想到行跡敗露，當場遭侍衛逮捕，並押解至玉帝面前接受審問。

玉帝質問她是否知曉所犯錯誤，她選擇沉默不語。玉帝進一步追問她是否明白，在天界若對他人心生男女情愛之執念，是極其嚴重的違規行為。然而，她仍舊默默不語。

玉帝見她似乎毫無悔意，於是震怒，判她因違反天界戒律、起了情愛執念，必須下凡投生人間，歷經五百世的輪迴之苦，親身承受情愛執念所帶來的痛苦之後，方可重返天界。

對於不想投胎人間的她而言，這項懲罰極為沉重。即便內心萬般不願，她也明白自己犯下過錯，必須承擔後果，接受懲罰。這也解釋了我一開始引導她回溯至投胎前夕時，為何她會強烈說出：「我是被迫下來的，我不是那麼情願。」的原因——那股莫名其妙的強烈情緒，原來是來自這段天界記憶。

回溯至此，也逐漸明白，為什麼今生會與現任丈夫陷入如此糾結的婚姻關係——這正是天界懲罰「承受情愛執念之苦」的其中一環。她說，心中似乎比較能甘心面對眼前的困境，也許這正是答案：為什麼她會與一個自己並不欣賞、甚至令她痛苦的伴侶結為連理。

不過，若靈性療癒師的眼界僅停留在表面的因果輪迴層次，確實能讓個案在短時間內感覺似乎找到了痛苦的根源。然而，難道個案從此只能抱著「我正在受罰服刑」的信念，繼續「忍耐」、「承受」眼前這樣的婚姻模式，直到人生終點嗎？這樣真的能提升靈性並解脫輪迴嗎？

我認為，不盡然。從我引導過無數個案的經驗中，我深刻體悟到：「贖罪彌補」與「慎獨自律」，是兩個截然不同的心靈維度。

「贖罪彌補」是基於外在懲罰與恐懼的自我約束，在嚐盡苦果、經歷教訓之痛楚後，為求不再受罰而收斂自我，未必真正看懂其中的因緣真理。這不是轉念，而是壓抑。

「慎獨自律」則是在透徹理解「道理」（即事件背後的真理與法則）後，內心自發地主動調整，這是靈性的內在自律，正如老子所說：「道法自然」是一股願意順道而行、自主修持的力量，而非基於外在懲罰的收斂。這也是我創立「量子轉念引導技術」的核心動機與靈感來源。這門技術系統的核心，直指潛意識中最深層的「主角印記」——亦即個案在某些關鍵事件中，如何在無意識狀態下，被當下表象深深烙印，形成日後影響所有「起心動念」的認知模式與執念。我們不只是協助個案找到事件，也要讓他們「看懂道理」——破幻識真、破迷開悟，進而慎獨自律、順道而行——這才是「轉念」二字的真義。

因此，我決定繼續引導她深入回到天界這一世的事件現場，探索當時所忽略的真相。我邀請她與玉帝、二郎神進行靈魂意識層次的自他對話，藉由靈性交換與印記釋放，還原事件全貌。在這個階段，個案看見了：

1.當時內心真正的意圖——原來她之所以偷偷潛入二郎神的團隊，只是因為對方俊美神武的面容在她眼中如同一件藝術品，令人心動、讚嘆。她只是「眼貪」地想再多看一眼，並無任何想與二郎神發展情愛關係的念頭，更不曾有渴望肢體接觸或踰矩行為的意圖。但是，在玉帝質問時，她均未說出口。

2.從玉帝的視角來看，即便個案一時迷戀二郎神的風采，這樣的欣賞之情確實未達「情愛執念」的程度。然而問題在於，個案在面對質問時選擇了沉默，未如實表達自己的真實想法與情感動機。這種逃避直面真相、缺乏溝通意願的心性，於天界法則而言，屬「不良習氣」。因此，此風不可長，她被送往人間歷練一番。

3.所謂「五百世輪迴之罰」，並非形式化、機械化的刑期，而是一種慈悲安排。玉帝深知每個靈魂的覺悟速度不同，這五百世只是學習的「彈性上限」，並非服滿世數才可重返天界。重點是：只要她在其中任何一世真正覺悟情愛的真諦，明白「情愛」非苦因，執著才是，並學會表達內心，真實與他人連結，那麼，她便已修滿功課，可以重返天界歸位。

領悟這三點後，我引導她回觀今生的婚姻關係，以及十九歲與二十一歲兩段戀情。她坦承，這三段關係中，她從未真正敞開心愛過任何一個人——她始終堅信：「愛情都是假的，對一個人付出真心，最後只會受傷。」

於是我請她以這個信念為鏡，觀照這三段關係：難道因為從未付出過真心，就真的沒有受傷嗎？

這話音剛落，她立刻覺察到，原來這個看似保護自己的信念，其實既荒謬又矛盾。她這三段關係中，不正是因為未曾真心交付、總在防備與退縮中，才讓關係變得疏離、緊張與破碎，最終讓自己即使「不愛」也一樣傷痕累累？

真正導致傷害的，不是「愛」或「不愛」這樣極端的二元判斷，而是來自過往潛意識印記的行為模式——「不願表達內心真實想法與對方溝通」的態度。正是這種內在封閉，使兩人的情感連結斷裂，猜忌與攻擊取代了理解與連結，成為關係惡化的主因。

因此，我辨識出她天界這一世，便是她婚姻「主角印記」的關鍵威力點。要使個案發覺，主角印記的信念投影不只發生在婚姻，回溯的相似事件上都存在，我引導她對照：

1. 十九歲初戀被男方分手，某次偶遇一位朋友，獲知當他知道自己結婚的消息後，竟傷心頹廢將近一年。這讓她醒悟，男友試探性的那句「不會回國找結婚對象」，卻啟動她「不願表達內心真實想法與對方溝通，靠內心揣測他人」的印記信念，親手斷送這段姻緣。

2. 我引導她看見二十二歲被倒會的結果，源自她「不表達內在不安與疑慮，未去溝通查證真相」的慣性，最終賠上金錢及對人性的信任。

3. 與丈夫的婚姻：起初對丈夫經常質疑這句「妳到底有沒有把我當老公？」，總認為是無理取鬧。此時才意識到，長年習慣「不願表達內心真情實感與對方溝通，靠內心揣測他人」，導致彼此充滿不表達與誤解的言語，關係越疏離。

「老師，我終於明白了，我不該以『離不離婚』作為解決婚姻問題的唯一出口，而是先從根本改變我『不願表達內心真實想法與對方溝通，靠內心揣測他人』的態度模式。這正是玉帝要我在人間修煉「情愛執念之苦」的功課，不是懲罰，而是邀請我學會坦誠、學會包容、學會用真心走入關係。這才是我此生要完成的真實課題。」

結束了這場「一對一量子轉念引導」，個案緩緩睜開雙眼，臉上綻放笑容，輕鬆自在地對我說：「老師，您這技術太神奇了！幫我解開好多心結，尤其是我母親離世的事，那是我多年來深埋心底的痛。今天，終於可以安心了。我之前也上過很多身心靈課程，也做過幾次一對一心靈療癒，但往往一無所獲，每次都花好幾小時，做完還常感到身心俱疲。其實這次預約前，我有點擔心這門技術會不會又跟其他靈性療癒一樣重蹈覆轍，沒想到完全不是我想的那樣……這次引導過程長達近五個小時，我不但沒有任何不適，甚至完全沒有察覺到時間的流逝，彷彿整個人處在奇妙的清明與安定狀態中。感謝老師願意接我這個案子，我很感激，也很開心。」

儘管我已盡量簡化內容，但我仍刻意保留她潛意識回溯過程中的經歷結構，是為了讓你能明白：在事件表象下，那些埋伏於潛意識的印記如何塑造出一套偏執的認知信念，讓人在生命不同年齡中，無意識地反覆投射出看似毫無因果關聯的煩惱事件，找盡方法處理，卻始終無法真正解開困境。因為問題不在事件本身，而在視角未曾穿透表象。

藉由這個過程，我希望像一具「心靈透視儀」，幫你看見潛意識中那個真正左右人生軌跡的無形推手——印記。

案例四—嬰兒八個月大的那一事，決定了我此生的信任與背叛

這位個案已有超過十年身心靈課程經歷，並取得某一心靈療癒體系的專業療癒師資格。前些日子，她突然私訊我，懇切地詢問我是否願意撥出時間，為她進行一對一量子轉念引導。

她說，過去兩三個月，家庭接連發生多起超乎預期的重大變故，讓她難以承受。儘管她以過去所學的療癒方法來自我覺察，也明白這一連串事件與自己的靈魂課題息息相關，卻始終無法真正平靜下來。

她坦言，腦中千頭萬緒、難以理出頭緒，理智上知道該覺察、該面對，但心裡卻始終不安。當一個個重大抉擇的時限步步逼近，焦慮與不確定也越演越烈，甚至嚴重干擾她的睡眠與作息。

基於過往情誼，我答應了她的請求，安排了兩天、共十小時的一對一量子轉念引導，每日五小時，作為她此刻心靈深處的一次完整轉念引導。

預約當天下午，她準時來到我面前。一見面，我便注意到她的氣色極為憔悴，眼神透出明顯的疲累與壓力，那是長時間被煩惱反覆拉扯後留下的痕跡。

我們坐下來，正式進入引導流程。我依循技術指令的步驟問她：「妳是因為發生了什麼樣的事情，希望透過『量子轉念引導技術』來協助妳？」

指令才剛下完，她開口說了不到幾句話，情緒便瞬間潰堤，在我面前放聲痛哭。

・回溯起始事件：

正式進入回溯階段時，個案坦承自己長期陷入難以抉擇的狀態。她的丈夫即將結束外派返國，而是否離婚的決定，拖延已久，眼見期限將至，她感到自己再也無處可逃。理智上，她知道這是生命課題的一部分，但即使明白再多靈性道理，也無法說服自己放下丈夫背叛她的事實。

說到這裡，她情緒再度崩潰，邊哭邊喊道：「憑什麼？為什麼他可以這樣對我？他怎麼可以背叛我？」懷著悲憤交織的心情，她覺得自己已經再也無力一人面對，只剩我，是她此刻唯一想到可以幫助她的人。

在一步步的引導下，她開始說出來龍去脈。原來，她是無意中發現丈夫外遇的事實，對她而言，這不只是情感上的重創與背叛。當年結婚時，她曾為了這段婚姻，放棄了一個實現夢想的重要機會。婚後二十年來，她為家庭全心付出，不僅協助丈夫打拼事業，還用心教養兩個孩子，把時間與生命都奉獻給這個家。而如今，換來的卻是這樣的背叛。

當她質問丈夫時，對方透過手機視訊坦承錯誤，並懺悔請求原諒。她聽著這些話，內心充滿悲痛與憤怒，但更糾結的是，面對「離」與「不離」的選項，她無法做出決定。

兩個孩子都非常愛父親，在她們心中，父親是愛家、愛媽媽的典範。這讓個案難以啟齒告訴孩子們，自己想離婚的原因竟是爸爸外遇。她明白，自己無法接受這份背叛，但若為了維繫家庭的完整與孩子的幸福，再次選擇隱忍與壓抑，那意味著再次犧牲自己——這種不甘與委屈，她已不願再承擔一次。

我完全能體會這道關卡對她來說何其巨大。只是，我沒料到的是，當我們進一步引導她回溯潛意識中真正影響這段婚姻關係的印記時，發現這道「坎」的根源，遠不止眼前這件事而已。

・回溯至第二個相似事件：

我清楚，個案當時發現丈夫外遇簡訊，不只是潛意識深層印記被瞬間喚醒，那一段訊息，透過視覺對她的內在造成強烈衝擊的無意識狀態，與過往潛意識中儲存的信念與經驗結合，形成一股強大的印記認知力量。

我引導她回溯到事件發生的當下。那是十個月前的某一日，當時丈夫人在海外出差，打電話回來請她幫忙查找合約與訂單資料。那些資料存放在他留在家的手機裡。當她打開手機開始搜尋時，意外發現丈夫與另一名女性的親密對話紀錄。

她說，自己像被雷劈中，從頭皮一路麻到心底。她繼續往上翻閱訊息，竟發現兩人早在二〇一三年十二月就開始聯繫，顯示這段外遇持續了十年以上。

她回憶當時內心的聲音：「你騙了我這麼久……我好羞愧啊！」她感受到的，不只是被背叛的劇痛，還有深層的羞辱感，彷彿老公選擇別的女人，是因為自己不夠好、不值得愛。

更讓她崩潰的是，內心竟然冒出這樣的念頭：「是不是因為我這些年太投入家庭跟事業，忽略了他，才導致他出軌？」於是，她同時背負起了三重壓力——「被背叛的創傷」、「自我羞愧感」與「替對方錯誤承擔的愧疚感」。

我一邊聽著她傾訴，一邊思索：這不是非常荒謬的邏輯嗎？明明是對方背叛在先，她怎麼會自責得彷彿是自己對不起他？這種「加害者錯、受害者承擔」的扭曲邏輯，正是潛意識印記中典型的認知投影機制。

於是我繼續引導她，請她回溯至更早之前的人生階段，看看是否還有其他類似的事件。

・**回溯至第三個相似事件：**

個案提到，約莫十年前，同一年內她接連經歷了兩件事，讓她深感困惑與受傷。為什麼自己真心待人，卻仍遭受背叛與權益被侵犯？

這兩件事分別是：一位與她和先生共同經營公司的主管，涉嫌挪用公司公款；以及一名受僱於家中的外籍幫傭，偷走家中一筆現金。

個案表示，自己一向信任且善待他們，然而事件發生後，她卻開始質疑自己是否做錯了什麼，才會導致她們如此不顧情分地背叛她的信任。

從這裡再度可以看見，個案內心深處存在一個熟悉的信念模式：「明明是對方先背叛、傷害了自己，但最後卻懷疑自己做錯了什麼，甚至認為自己愧對他人。」

於是，我繼續引導她回溯到更早的時間點，看看是否還曾發生過其他類似的事件。

・回溯說至第四個相似事件：

個案回憶十六歲那年，因父母工作關係，暫時寄住在姨媽家。某天深夜，與她同住的表哥悄悄潛入她的臥室，整個人壓在她身上，對她上下其手。她被這突如其來的舉動驚醒，反射性地想質問表哥在做什麼，但表哥立刻用手摀住她的嘴巴，並在她耳邊威脅說：「妳敢喊出聲，把家裡人驚動來看到妳這樣，妳的臉就丟大了，以後會被人恥笑的。」

個案被表哥的力氣壓制，加上在驚嚇與混亂中，被那句威脅言論嚇住了。就這樣，她遭到一位平時信任的親人性侵，卻只能在隔天早上裝作什麼事也沒發生，繼續面對表哥與姨媽，像往常一樣出門上學。她不敢將這件事說出口，因為她深信：「只要別人知道昨晚的事，我一定會很丟臉。」

我知道，在極度無助與驚恐下所接收到的語言與畫面資訊，像那句「妳敢大聲喊叫，把家裡人都驚動來看到妳這樣，妳的臉就丟大了」的暗示性語言，都會直接進入潛意識，形成強烈的印記認知，更深深影響她此後的自我價值感與行動選擇。

在幫助她釋放與轉化這段記憶的印記訊息後，我進一步透過「人格扮演法」，引導她進入表哥的意識場，去看見這件事若真的被揭發，到底誰才會感到更丟臉。

我問她：「如果當晚妳大聲喊叫，或隔天告訴姨媽這件事，妳覺得究竟是誰比較害怕？誰會更丟臉？」

她立刻回答：「是表哥。他比我更害怕這件事曝光，因為這是犯罪啊！」說到這裡，她終於放聲大哭，大喊：「你怎麼可以這樣做？你竟然騙我讓我以為這是我的錯……」這一刻，她終於「鬆動」了那句多年來壓抑她的印記語言。

這次回溯，讓我們找到個案潛意識中那句強大限制信念的核心印記：「即使被侵犯、被背叛，也總覺得錯在自己。」然而，目前仍未找到她之所以在面對這些情境時，總是無法做出決定、無法斷然行動的印記根源。

因此，我必須繼續引導她，進一步回溯至更早的記憶中，尋找是否還有其他類似事件潛伏其中。

•回溯至第五個相似事件：

七歲時的某個白天，當時她住在鄉村，獨自坐在家門口望向戶外的風景。忽然，隔壁鄰居一位正就讀高中的哥哥走了過來，環顧四周，確認家中沒有大人在場後，便坐在她身旁。

他語氣小聲地對她說：「乖乖坐著，等一下就好。」

當時年幼的她並不明白這句話的意圖。接著，這位男生伸手掀起她的裙子，並試圖拉開她的內褲。

那一瞬間，個案本能地感覺到情況不對，迅速起身逃離現場。她跑了一小段距離後回頭望去，發現對方並未追上來，這才感到稍微安心，知道自己暫時脫離了危險。

在我一步步的引導下，個案將這段七歲經歷與十六歲的創傷事件進行對照，逐漸領悟出關鍵的轉變：每一個事件的後果，其實都取決於「自己的選擇，才是決定事情發展結果的主要原因」。

她清晰地看到，當年那位加害者其實更怕事情曝光；而當自己陷入恐懼、無法辨識逃脫的路徑時，反而容易陷入受害的境地。真正的力量不在於力氣大小，而在於是否有勇氣與覺知「做出選擇」。

儘管個案已深刻領悟到「選擇才是決定結果的關鍵」，但她仍未能將這份覺知連結到當下面對婚姻是否離婚的兩難中。於是我繼續引導她回溯到更早的時間點，探索是否還曾發生過其他相似的事件。

・回溯至第六個相似事件：

這次是她出生後約五個月大時期，個案說自己感覺到，似乎有某個意識透過心電感應在對她說話。我便以步驟指令引導她專注感知這道心聲訊息的來源，個案感受到，這道心聲是從媽媽腹中傳來的——原來當時媽媽又懷孕了。那道心聲來自尚未出生的妹妹，妹妹對她說：「我要走了，我走了，媽媽才不會日子過得那麼辛苦。」不久之後，妹妹便胎死腹中，成為死胎，媽媽也到婦產科診所讓醫師將死胎取出。

個案說到這裡，突然出現連續打嗝的反應。我注意到這可能是某種非個案本身意識所主導的頻率干擾，也就是有其他亡靈意識介入的可能。為了不打斷個案當下的敘述，我選擇先按兵不動，沒有立刻下指令。

當個案能繼續開口說話時，她說，其實自己當時很害怕妹妹向她傳達「即將離開」的訊息。她擔心的是——萬一別人知道妹妹曾告訴她這件事，而她沒有勸阻，是不是要為此負責？但當時的她畢竟只是個嬰兒，什麼能力也沒有，也無法開口告訴媽媽，內心依然深藏著莫名的愧疚與恐懼，擔心媽媽會因為妹妹的離世而責怪她。

接著個案話鋒一轉，談到了原生家庭對「愛」的扭曲模式。她說，媽媽當年其實是為了逃離原生家庭才嫁給爸爸的。進入婚姻後，媽媽一直守著傳統媳婦的角色與本分，但奶奶總是對她不滿，動輒挑剔。爸爸則是個爛好人，只會在家族裡當和事佬，卻無力保護妻子。整個家庭的親族關係也充滿了暗鬥與矛盾。

然後，個案說出一個關鍵畫面：「我看見自己在投胎之前，就已經看見我今生的媽媽在這個家裡過得非常辛苦。我心想：為什麼媽媽要活得這麼委屈？如果我能讓這個家的所有焦點都放在我身上，我就可以在這個家庭裡當王了。這樣，我就有能力去改變媽媽的命運，甚至改變這個家庭的結構。」

聽到這裡，我發現個案目前所說的這段訊息，看似圍繞在同一主題上，但其實彼此間仍像散落的碎片，並未真正串聯成一條清晰脈絡。因此，我再度引導個案，請她將注意力重新回到先前那個「需要為妹妹死胎負責」的擔憂情緒上。此時，她再次開始打嗝。我立刻引導她專注去接收這個「打嗝反應」所傳遞的頻率訊息。

不出所料，個案感覺到，那是妹妹的靈魂意識有話要對她說。在與妹妹的亡靈意識對話過程中，個案才明白——妹妹與母親、還有這個家庭的緣分本就非常淺。此次投胎的目的，較像是短暫過個場，完成特定任務後便離開。由於她預設自己會待在母體極短的時間，因此不想浪費機會與時間，選擇主動與姊姊（也就是個案），以心電感應的方式建立交流，藉此下載並備份姊姊已出生八個月來的肉體細胞記憶訊息，作為自己短暫人間體驗的資料庫。妹妹並未要求姊姊為她的離開負責。

雖然個案因為這段與妹妹的靈性對話而得以釋懷，但還有一個核心人物尚未納入這意識場的過程——就是兩人的媽媽。畢竟，個案從小就擔心媽媽會因妹妹死胎而遷怒自己，這份擔憂在潛意識中根深蒂固。因此，我協助個案建立一個「三方意識場」，讓個案、死胎妹妹以及媽媽三人之間，可以彼此透明交流、理解與釋懷。

在這個意識三方對話的場域中，我終於捕捉到個案潛意識中，長期所背負的責任感與婚姻救贖願望的「轉念」關鍵點了。

接著，我引導個案將以下事件進行全面對照：包括八個月大時妹妹死胎的經歷、自認為投胎是為了改變媽媽與家庭而扮演家庭的中心角色、七歲與十六歲兩次與加害者互動結果的反差領悟、被公司同事虧空款項與外勞偷錢的受害事件，以及她如今面對婚姻中是否離婚的舉棋不定。藉由這些事件的穿線與對照，我協助個案去看見自己如何受到潛意識印記所形成的認知信念影響，並不斷將特定觀點投影在類似的生命事件中，進而形成重複性的人生劇本。

這個引導目的，是讓個案看清楚自己正是透過什麼樣的「印記組合」，構築起事件背後的認知結構，並延伸出哪些觀點與想法，一再地投影在人生中。唯有自覺看見這一點，才能在下一次遇到類似情境時，「有意識地選擇」不同的思言行。

個案說，她終於發現自己過去常處在一種思維裡：一廂情願地認為只要事情威脅到自己，就會害怕事情的發展結果不是她想要的。但同時，她卻不清楚自己真正想要的是什麼。

她深刻領悟到——自己扭曲了對「愛」的理解。愛不是糊裡糊塗、委屈求全或自我犧牲的妥協。每一個選擇，在當下就已經決定了之後的結局。如果是懷抱恐懼、擔心、憤怒或報復的心態去做出選擇，最終的後果也只會反映這些能量，而這些後果無法由任何人代為承擔。

她說，這就像一場合夥生意，若遇上問題，就必須把前因後果看清楚，才能有清晰的思緒做出自己願意負責的選擇。人生的所有結果，都源自「選擇」而非命運，自己永遠只能「為自己的選擇負責」。

她最後總結道：不論選擇離婚或不離婚，都各有其後果。重點不在於哪一個選擇對或錯，而是自己能否清楚知道兩種選擇可能帶來的結果是什麼，並確定自己願意為哪一種結果承擔責任。如此，當下所做出的選擇，就是對自己最好的選擇。

當她說完這些話，我看見她臉上原本失魂落魄的神情，已轉為欣喜、輕鬆與自由的笑容。她的內在已獲得真正的安定與安心。此刻，她不再害怕面對即將到來的婚姻抉擇，甚至感到無比踏實與欣慰。

結束引導後，她睜開眼睛，告訴我：「這趟引導太值得了，花五個小時的時間，換來我幾個月來解不開的焦慮與痛苦，終於得以釋懷，我真的做對了選擇。」

隔天，由於她是從外地特地來我這接受一對一引導，為了讓我放心她的安全，特地傳來手機訊息：

嘉堡老師，昨天非常感謝您的協助。回飯店後不到七點就入睡，一直睡到凌晨兩點醒來一下，又接著睡到早上七點。醒來後感覺精神飽滿、身體輕盈。今天的心境穩定許多，好像沒有什麼特別的煩惱，也不再容易被干擾。真的很感謝老師！

兩個月後，她再次私訊我：

嘉堡老師，我先生回來了，這幾天我們有好好談過，他很誠懇地認錯。我們決定朝重建婚姻的方向前進，彼此給對方一個機會。謝謝老師百忙中抽空協助我，目前狀況穩定，應該就不需要再繼續協助了。真的非常感恩您！

從這位個案回溯潛意識印記、覺察認知並完成轉念的歷程，以及她事後分享的回饋，我自己也深有所感。這的確印證了她在實作中所領悟的那句話：

「清楚明白自己的選擇，並心甘情願地承擔其後果，對自己而言，就是最正確、最適合的選擇──即使在他人眼中，未必是對的或好的。因為，這世界上沒有一種選擇是絕對的對，也沒有一種選擇是絕對的錯。」

此外，嬰兒（甚至尚未出生的胎兒）具備意識、情緒、感受與想法，甚至能以心念進行接收與傳送，這並非個案特例。事實上，在我過往進行眾多潛意識回溯實作中，出現此類現象的個案確實不少，而且他們敘述的感知經驗方向往往高度一致。

案例五—歷經多次轉世，我才驚覺：原來自己一直在地獄中輪迴

這位個案是位年約四十歲的單身女性，職業為保險業顧問。近來她內心長期處於一種「做賊心虛」的惶恐與不安中。

她坦言，每當做了違背良心的事後，總會湧起強烈的後悔與自責。但當面對新的利益誘惑時，即便理智明知對錯，仍會不由自主地再次重蹈覆轍。

她形容自己就像「上癮」了一樣。每當追求利益的當下，整個人就像變了樣，只看見目標與得失，忽略內心掙扎與道德聲音。這種情況令她十分痛苦，不僅折磨著良知，也深怕有一天會事跡敗露、名譽掃地。這樣的焦慮與恐懼，正是她決定尋求一對一量子轉念引導的主因。

我之所以將這位個案納入本書，是希望透過她的經歷，帶領讀者重新思考那些我們耳熟能詳的觀念——如「一報還一報」、「因果循環」、「作惡死後下地獄」——是否已被過度僵化地理解？

甚至錯失它們真正想要教導靈魂「如何使意識學會昇華」的核心價值？

在本章節，我將採用不同於前章的敘述方式，而是節錄回溯過程中的關鍵片段，讓讀者更聚焦於「覺察」與「轉念」的意義。

・回溯起始事件：

上個月，有位客戶請個案協助向保險公司申請理賠。客戶表示自己繳了那麼多保險金，如今保險即將到期，希望能想辦法拿到一些理賠金。然而當她查看客戶所提供的資料後，發現這筆申請是否能通過，存在不小的變數。

儘管如此，由於這位客戶與其家人都曾投保過，業績貢獻不小，她害怕如果這次無法幫忙申請到理賠金，先前的努力就會付諸流水，甚至可能失去這份工作。

即便理應堅持專業立場，但為了獲得客戶信任，她還是幫忙送出申請，將文件交給公司判斷。即使當下成功遞件，她內心卻始終懸著，為自己的做法感到掙扎。

・回溯至第二個相似事件：

五個月前，她協助一位客戶申請投保。對方的條件較為複雜，資料也存有爭議。但她不敢說實話，深怕自己會被視為沒有價值、連一件投保事都辦不好的業務員。於是她選擇隱瞞實情，仍將資料送件至公司，事後也不敢主動撤回申請。

・**回溯至第三個相似事件：**

在她之前的工作經歷，曾為了獲得同僚的認同，想讓大家相信自己背後有靠山、有勢力撐腰，可以展現出有價值、有地位的樣子，主動接近並誘惑一位已婚上司，雖然她已有男友，仍與上司發展出不正當的關係。

・**回溯至第四個相似事件：**

五歲時，她到雜貨店買糖果，老闆說要抱著個案坐在大腿上，並伸手開始猥褻個案，同時對個案說：「妳的私密處讓我摸一下，我會給妳很多糖果吃。」當時她覺得可以向鄰居小朋友炫耀自己有很多糖果，讓小朋友們以羨慕的眼神看她，因此默許老闆這麼做了，事後她也確實得到鄰居小朋友們的羨慕眼光。

・**回溯至第五個相似事件：**

三歲時，有天父母的朋友送來一件新衣服給妹妹。當下個案為了吸引別人目光，想獲得「自己有新衣服穿」的讚美與稱羨，便搶過那件衣服穿上。結果穿上後才發現尺寸太小，根本穿不下，頓時感到功虧一簣。

・回溯至第六個相似事件：

一歲那年，個案在客廳的嬰兒床裡，目睹爺爺正在毆打奶奶，當時沒有人理會她。她的內心浮現出難以理解的感覺：覺得自己沒有參與到爺爺打奶奶的行為，因而沒有讓自己的人生過得很糟，也就沒有享受到「很爽」的人生。

這樣的觀念連個案自己在說出來的當下都感到極為驚訝與困惑，無法理解怎麼會有這種念頭，因此我只好繼續深入追蹤下去。

・回溯至第七個相似事件：

出生八個月大時，有一次父親正在毆打母親，個案在一旁，內心想著：「我必須努力撐過去，才能活著。」同時伴隨著一個想法：「如果沒有人陪我鬧事，人生就會變得孤單、過得不好。」

我看見，在個案潛意識中，有著與一歲時目睹爺爺打奶奶事件的相同信念：只要家中父輩毆打母輩時，若自己沒有參與或跟著鬧事，那麼自己的人生不但無法過得「爽」，反而會過得更糟。

但目前仍未找到此潛意識信念的核心印記，因此我決定繼續往前回溯與追蹤下去。

・回溯至第八個相似事件：

個案回溯到中國古代，當時自己是後宮貴妃，為了滿足權力與私慾，不僅與敵國君王私通、擾亂後宮秩序，甚至通敵賣國、毒殺了皇帝夫君。雖然最終如願取得夢寐以求的權勢與地位，但不久後事跡敗露，最終被處以死刑。我問個案，當時的敵國君王是他今生的誰？正是今生那位已婚的上司——她為了讓自己有靠山，而選擇成為他小三的對象。個案在前世被處斬前，內心感受到的情緒是崩潰、孤單，並覺得「從此沒得玩了」。

即使我引導她完整經歷並覺察這一世的劇情，對照今生與她相關聯的角色，並看清彼此間的歷史重演，然而個案依然毫無懺悔之意，反而堅持「掌握權力、人生就是要亂搞些事情才有趣」的執念。這也印證我前面提過的問題：若僅以「今生的果＝前世的因」這種兩點一線的邏輯來解讀前世今生，不僅無法幫助個案看清自己，更可能強化她潛意識中偏差的信念與扭曲的價值觀，進一步阻礙真正的覺察與轉念。

・回溯至第九個相似事件：

在這一世裡，個案是一條鮪魚。當時她在海中目睹其他鮪魚同伴被漁夫補獲，在生死交關之際，她因為害怕而沒有出手營救，選擇了袖手旁觀。最終，夥伴們全數被捕獲並死亡，而她則僥倖逃過一劫。個案內心清楚記得，當時的信念是：「只要我能活下來，才是最重要的。」

・回溯至第十個相似事件：

時間來到數百年前的中國某地，個案是一名軍中士兵，當時軍中舉辦一場以太陽方位為基準的射箭比賽，目的是從中選出一名優勝者，派往敵營擔任臥底，負責蒐集情報並作為戰時內應。

然而，這是一個幾乎必死無疑的任務。雖然個案知道自己是所有參賽者中射箭技術最強的，但因貪生怕死，於是故意在比賽中放水、隱藏實力。結果她最要好的夥伴贏得比賽，被上級指派前往敵營執行任務。

不久之後，那位夥伴果真在任務中犧牲，而個案則因此躲過死劫。

．回溯至第十一個相似事件：

同樣發生在數百年前的中國某地，當時個案所在的宗門舉辦一場武術大賽。冠軍除了能獲得下任掌門候選資格，還有豐厚的獎賞。

為了奪冠，個案暗中對與自己交手的對手下毒，使對方在比試中因中毒無法發揮實力，進而落敗。

最終，個案成功靠著這些詭計登上冠軍寶座，達成了自己的目的。

．回溯至第十二個相似事件：

場景來到古代中國一個年代不詳的朝代，個案當時是州城裡最大鏢局的鏢師。鏢局正準備選出一位總鏢頭，於是舉辦了決鬥形式的比試。個案為了得到這個身分與地位，在最後的比劍決賽中設下陷阱，暗算對手並將其殺害，最終獲得了總鏢頭之位。

就在回溯完這段記憶後，個案突然脫口而出：「我為什麼連續幾世都為了私慾而不擇手段去傷害別人？」

這句話標誌著個案開始有了深層自覺——意識到自己潛意識裡，似乎長期被「為了得到權勢與名利，可以不擇手段」的執念所操控，並且這股信念如同無限循環般，在一次又一次的輪迴中不斷重演。

察覺這一點後，我立刻把握這個轉念的契機，開始以步驟指令引導她釘選這一世為「主角事件」，並從中對照每一個前世，以及今生所發生的七個類似事件。

「妳覺得這些事件的共同點是什麼？」

「我原以為，只要能夠取得權勢名利，就能擁有巨大的力量，成為人人稱羨、能俾倪一切的人上人。」

「那麼當妳費盡心機得到目的後，這些事件有什麼共同結局？」

「要不是下場淒慘，就是到死那一日前都滿心愧疚與不安。」

「這些共同的結局，與妳原先認為『取得權勢、名利，就能擁有巨大的力量，成為人人稱羨、能俾倪一切的人上人』的觀點一致嗎？」

她沉思後說：「並不一致。事實跟我原本想像的相反。」

「那妳在一歲及八個月大時，潛意識中形成的觀點——『若沒有參與、沒有跟著鬧事，人生就會變糟，過得不好』，這樣的信念與後來人生各事件的實際發展結果，是一致的嗎？」

「不一樣。」

「從妳發現這兩個信念與事實的落差，以及跟一歲及嬰兒八個月時期內心所認為的觀點不一樣後，妳領悟到了什麼？」

「原來，名利與權勢從來就不是衡量自身價值的唯一標準。人生能不能過得爽，關鍵不在於是否踩在別人頭上成功，而在於有沒有信任、尊重自己，是否活得問心無愧。真正讓人過得好的，不是讓別人過得不好，而是自己能否活得心安理得。因為這兩個本質扭曲的執念，我竟在輪迴中重複了至少六世還不知醒悟。」她深深地說：「幸好今生有機會學習量子轉念引導技術系統，才發現自己被一個從未察覺的印記信念所操控。如果不是老師給我這次一對一引導的機會，我可能還會繼續被這些觀點影響下去，無法跳脫那個無止盡的迴圈。」

在個案這番深刻領悟與自我轉念後，我結束了這次的引導。

在這段過程中，我也從中覺察到一個更深層的現象——那就是被許多宗教文化提倡「造殺業者死後必墮地獄受苦」的文字綁架，所形成的僵化信念。

怎麼說呢？以個案回溯的第十二事件為例，她為了私慾與權勢，設下陷阱殺害比劍對手，成功奪得鏢局總鏢頭之位。若依據傳統教義說法，她應該早就「墮入地獄受苦」，但實際卻是，她接下來幾世（除了當鮪魚那一世外）仍然照常投胎為人，甚至今生依舊是人身。並沒有任何一世是對應到「地獄」的場景——如身陷硫磺火海、受盡刀山油鍋之刑。

然而，我卻在她每一世裡，清楚看見她活在地獄般的內心苦痛之中——嫉妒、恐懼、患得患失、提心吊膽，這些心理苦痛並沒有因為她取得權勢就消失，反而因權勢的加持而更加熾烈。這使我明白——

所謂的「地獄」，並不是宗教文字所描繪來自固定場景的痛苦，而是意識層面受苦的程度，是內心深處因扭曲的信念與未化解的印記所帶來的折磨。文字與語言本是三維世界的產物，只能表達有限的維度層次，而心靈與意識的痛苦不受時空限制，已足以構成「平行世界」的地獄景象。這些受苦不一定要折磨肉身才能實現懲罰效果，靈魂的煎熬，有時更為深沉、持久，甚至跨世延續。

此外，我也深刻體會到——動物、植物、礦物，乃至所有自然生物，皆是有意識、有感知的生命存在。這讓我想起佛陀在《本生經》中所述的諸多前世，也曾化為動物，展現智慧、慈悲與勇氣。這不僅使我對動物，從原有的喜愛昇華為對自然萬物的尊重，更啟發我與所有被這門「量子轉念引導技術」協助過的個案，以及學會這門技術、投入助人工作的專業引導師與學生們，共同從一椿椿跨物種的生命回溯裡，看見更寬廣的視角——

所有的存在皆有意識，所有的生命皆具尊嚴。

這份理解，讓我們不再只以「人的眼光」看待萬物，而是以「靈魂的對等」去對待每一個生命形式。願這份敬重與愛護的心，從這一小步開始，蔓延至生活每一個選擇中。千里之行，始於足下；高山之巔，始於微塵。

案例六──回溯胎兒記憶，我終於明白「為何壞事總是靈驗」

並不是人生中所遭遇的情感傷害，其根源全歸咎於「內在小孩時期」的創傷經驗；也不是只光靠做「療癒心靈創傷」的工作，就能真正重獲新生。這樣的理解，在我引導這位五十六歲馬來西亞的華人女士的過程中，得到了清晰的印證。

- **回溯起始事件：**

上星期，她與兩位閨蜜出遊。晚上逛完商店街，準備回旅店休息前，她特地買了一雙襪子防寒保暖。洗完澡準備上床睡覺時，在腳踩上床前小階梯那一刻，因襪子布料摩擦力不夠，腳底一滑，整個人失去平衡，往後跌坐在地。

當下，她明明一直提醒自己：「不要想不好的事」，但身體還是沒能控制住地向後摔落。所幸只是臀部著地，並無大礙。

然而，當她抬眼看向躺在床上看書的閨蜜，卻發現對方連起身看她一眼都沒有，也沒有任何一句關心。她瞬間湧上了一股不被在意的難受與酸楚。

她事後自述，真正讓她最在意的並不是閨蜜的冷淡，而是心中那句：「為什麼一旦我心裡冒出不好的念頭，它就會實現？」這種「好的不靈，壞的靈」的經驗，讓她對自己感到厭惡。

· **回溯至第二個相似事件：**

她接著回溯，兒子年幼時，常喜歡嚇住家附近的野貓。兒子總覺得看見貓被嚇得亂竄是一件好玩的事，而她當時非常不喜歡兒子這種行為。

有一天，兒子又在追著貓跑，她立刻大聲斥責兒子：「你這樣嚇貓，早晚貓會被你嚇到跑出去被車撞死！」

結果才過沒幾天，兒子在街上發現那隻貓真的死在馬路邊，回到家後對她說：「妳這張烏鴉嘴，那隻貓真的被車撞死了耶。」

聽到這句話的當下，她整個人心頭一震，驚訝自己的話語竟然成真，內心開始在意：「那隻貓，真的是因為自己說了那句話而死？」她對自己的言語是否具有詛咒般的力量而感到不安。

· **回溯至第三個相似事件：**

十八歲那一年，某天無意間走過房門，看見妹妹在房間裡餵食因病纏身而無力進食的外婆。那個畫面讓她閃過一個念頭：「如果這樣噎死，也許外婆就不用再受苦了。」

萬萬沒想到，過了沒多久，外婆竟真的因噎食而過世了。

那刻起，她心裡始終背負著揮之不去的愧疚，懷疑是否因自己一閃而過的不敬，導致了外婆的離世？

・回溯至第四個相似事件：

十二歲那年，她還住在三合院。當時外公罹患肺病，臥病在床，日夜呻吟喊痛。外公的喊叫聲，在她聽來不是哀號，而是擾人的噪音。她覺得很吵、很煩，每當經過外公的房門前，她總是下意識地避開，能繞道，她就繞道。後來，有一天聽家裡的長輩說，外公過世了。

那一刻，她心裡湧起的不是難過，而是沉重的自責，自責自己對外公生前最後的那段病痛時光，態度是冷淡的，心是疏離的，甚至不願靠近，選擇轉身走開。

・回溯至第五個相似事件：

四十歲那年，父親已經入住老人院。某一天，父親因胃癌引發腹瀉，整張床和身上都沾滿排泄物。父親打電話給她，希望她能過來幫忙清理。她到了現場，看到那樣的場面，下意識地不想承擔照顧責任，便找了許多藉口匆匆離開，將這件事留給其他人處理。

這件事在她心裡埋下深深的愧疚，她明知道父親需要她，但她選擇逃走；她明知道那份幫助是急迫的，她卻選擇不想面對。這份懊悔和虧欠，一直存在心底。

・回溯至第六個相似事件：

十三歲那年，某次去叔叔家探望年邁的祖母。祖母交代她回家後通知爸爸和哥哥，請他們安排時間來接祖母回家一起住。她答應了，並如實地轉達給爸爸與哥哥。

但無論是爸爸還是哥哥，都表示沒空。她不知道該怎麼回應，也不敢馬上向祖母報告，就這樣拖了兩天。當她終於鼓起勇氣再去見祖母時，祖母氣得大罵她：「我在這裡等了兩天，這兩天是怎麼吃飯的妳知道嗎？」

她對自己遲遲未回應、拖延回覆的行為，充滿了愧疚與自責。

・回溯至第七個相似事件：

她回溯到九歲那年。有一天在家裡，調皮地從窗戶伸手去戲弄一隻狗，想看狗有什麼反應。沒想到，狗一下就咬住了她的手，手上的傷口很深，還發黑了。她當時因害怕被罵，不敢讓家人知道實情。於是，她選擇隱瞞，默默忍耐傷口帶來的痛，只覺得自己很倒楣。

・回溯至第八個相似事件：

那時她才兩個月大，因病而極度虛弱，躺在床上渾身無力。三個哥哥在房裡追逐玩鬧，跳上她所在的床，其中一人在打鬧中不慎踩到她。讓嬰兒的她痛得大哭。

然而，三個哥哥只是互看一眼，下意識地達成了某種默契，什麼都不說，假裝無事地離開了。

她繼續哭，卻沒有人來。

那一刻，一種極深的念頭在她內心誕生：「就算我死掉了，也沒有關係，反正也沒有人會理我。」儘管當時她還不會說話，卻感受到被遺棄、被忽視、被當成不存在的痛苦。

・回溯至第九個相似事件：

個案在出生時，身體虛弱到連呼吸都顯得微弱。醫師在接生後，直接對家人說：「這個孩子活不過兩個星期。」這句話像是一個宣告，也像是對生命的否定。

她說，當時內心有個清楚的反應：「既然醫生都這麼說，那應該是真的吧，我應該活不久。」

・回溯至第十個相似事件：

個案回溯到還在母親子宮約五個月大的時候，當時母親知道自己懷孕了，但仍選擇去中醫抓墮胎藥，打算將個案拿掉。按照醫師指示，母親服用了藥物，而個案則是在子宮中感覺到一股沉重與下墜感。儘管藥效發作，個案卻沒被流掉，但這過程中，一種強烈的念頭悄然浮現：「我不想出生了。」

透過引導，我讓個案理解自己沒被墮胎掉的原因是什麼？她看見，自己並不是孤單待在母親的子宮裡，原來還有一位雙胞胎姊姊與她共處。真相是，那位姊姊選擇要離開。因此，藥效發作時，姊姊承擔了全部的墮胎藥性，讓個案得以存活。

個案說，她之所以不想活，是因為姊姊離開了，她沒有信心獨自面對這個世界，害怕一個人犯錯時沒有人能支持她，活下去的動力也隨之瓦解。

我接著指引她與那位雙胞胎姊姊靈魂進行連結，邀請她完整聆聽姊姊靈魂的聲音。她逐漸想起，在來到這個世界之前，為了完成今生的重要課題，她曾拜託許多靈魂協助自己一起投胎，但那些靈魂都有自己的使命，無法陪她前來。直到遇見這位姊姊的靈魂——一位與這個家庭毫無因緣的靈魂——答應陪她一段，保證只要在子宮期裡撐過墮胎劫關，就能安然出生。

姊姊答應了她的請求，但開出條件：完成陪伴之後，會胎死腹中離開。當時的她非常高興地答應了。

然而，當姊姊準備離去時，她突然後悔了，怕自己的意志力無法支撐，竟想要用情緒勒索的方式，試圖挽留姊姊。但姊姊並未留下。姊姊守諾離開後，她的內心再度陷入無助，因此萌生不想出生的念頭。

這次回溯揭示了她內在的重複模式——她總是透過「合理化的言詞」，逃避本該承擔的責任，把問題轉移給其他人。

這個傾向在她十三歲那年與祖母之間的承諾事件中，也清楚可見。

當時祖母請她轉達希望爸爸與哥哥能接祖母回家，但因對方臨時無法前往，她遲遲未回報。

當時她心中升起推託之念：「又不是我讓祖母空等，是爸爸跟大哥沒空，為什麼要我去面對？

而且祖母一定早就忘了這回事，這不關我的事。」於是沒有進門，轉身就離開了。然而，祖母卻在毫不知情的情況下，真的在門口等了一整天，連基本的飲水與飲食都沒有。

這件事後來一直卡在她的內心深處，她的自責與罪疚從未真正離開過，但同時也不願面對，是自己的失信造成了祖母的孤單與受苦。她說服自己，是爸爸和哥哥的缺席，才讓她變成一個「失信又自責」的人，並且告訴自己，這只是件小事，時間過了，自然也就沒什麼了。

直到再次回溯，她才終於看見——當時不是不能轉達，而是選擇不去承擔責任，相信祖母會「自動忘記」，從而合理化自己的離開。

而那份隱藏的羞愧與自責，也被她用來證明自己是「有良心的人」，卻從未真正面對內在的不誠實。

這樣的模式其實一路延續至今：無法真正承認自己說話不算話，將責任推到母親當年的墮胎意圖上，推給那位選擇離開的雙胞胎姊姊，也推給身邊任何在她生命中與痛苦連結的人。

一旦面對生命功課的難關，就傾向選擇逃避、卸責、推托，甚至巧妙運用各種方式逃避，例如製造想自殺的念頭、假裝自責、批判自己的負面想法、責怪外在的人事物……這些都是潛意識中極具創造力的「戰逃反應機制」。

最後，引導結束前，她說如果這些創造力，不是耗費在這些卸責的情節上，而是用來實踐與承擔今生本該完成的課題，那麼她的人生內容，可能會變得更踏實、更堅定，也更能感受到真正的喜悅與自信。

我在大量引導的個案中，發現一個極為關鍵卻常被忽略的問題，那就是：當一個人「明知該做卻沒做」或「明知不該做卻去做」的時候，內心會積累一股難以言說的情緒能量──罪惡、愧疚、羞愧、慚愧等，這些感受往往會嵌入潛意識裡，集結成自我批判的罪疚印記認知，例如「我不夠好」、「我是糟糕的」、「我不值得擁有」、「我沒資格」、「我是累贅」等。

當這些信念與「被否定、被排擠、被斷絕關係」的恐懼交織時，便會自動啟動潛意識中的戰逃反應模式來自我保護。常見的方式包括裝聾作啞、反擊對抗、推卸責任、假裝認錯或示弱、轉移話題、隱瞞真相、說謊逃避等行為。

這些行為在當下或許能暫時保全表面形象與價值感，但潛意識卻會同步下了一道深層印記指令，再次證實自己「的確不夠好」、「真的軟弱」、「不值得被信任」。

這些信念不只停留在心理，還會在思想、語言、行為模式中，組成循環迴路，讓人一再陷入：反覆經歷挫敗、遭遇背叛與拋棄、被割韭菜、總在關鍵時刻被利用或出賣、處處得不到信任、貴人總是離去、小人不斷糾纏、總是遇上不對的人或爛桃花……等境地。這些看似偶發的命運安排，其實都在重演潛意識中根深蒂固的「自我否定信念」。

然而，只要在一對一量子轉念引導的過程中，透過指令真切地回溯並辨識出這些源自「罪疚印記」的認知信念，並完成轉念過程，那些原本遮蔽生命光芒的負向投影便會鬆動瓦解。人在意識清明的狀態下，不再需要靠逃避與偽裝來掩蓋羞愧，而是能坦然地活出內在無懼的穩定與平靜。

許多曾經歷這種轉念過程的個案，在事後陸續向我回饋他們的生活變化——有人事業突破、有人關係重建、有人財務順流——這些看似遙不可及的圓滿，竟一一在他們生命中落地展現。

而這些轉變，再次呼應我長期以來的深度觀察：「靈性覺醒、意識開悟」，永遠都是一個人真正翻轉命運的動力。

案例七—讀取「靈魂的出生前計畫」與「今生生命藍圖」

在「量子轉念引導技術」的步驟系統中，有兩個重要的引導步驟——「出生前計畫」與「今生生命全息藍圖」，它們對於個案的作用與意義，正是喚醒並憶起潛意識中被塵封已久的「自我本質」記憶訊息，使其意識到：自我的本質，從來不只是單純一具肉體生命的存在。

因為在這一生中，無論所經歷的是順遂或困頓、成就或挫敗，都是靈魂自發創造的體驗情境，其目的皆在於豐富內在靈性的感受，並在探索「我是誰」的靈魂旅程中，更加清明地覺知本來面目。

當個案在這過程中，逐步喚醒儲存在潛意識裡的各種印記，例如對自己或對他人的批判、罪疚、憤恨、恐懼、失落、焦慮與害怕等情緒記憶——那些曾被腦補為「不幸遭遇」的未解執念

——並能藉由引導步驟去解讀與轉化它們，便會開始從心底誠實地「接納」曾發生過的生命內容，不再論斷、不再抗拒，而是由衷地「臣服」於整體生命的設計，看見背後的終極目的，都是為了讓自己能以更有意識、更有覺知的「覺醒」狀態活著。

也因此，在進入「出生前計畫」與「生命全息藍圖」的實作之前，存在極為重要的前提——個案必須已經歷回溯潛意識印記、處理線性時間軸上類似事件的重複印記，並已完成找出關鍵主印記、認知轉念的過程。

唯有如此，才能進一步理解生命藍圖的全貌，否則便容易只知片面的「果相」，卻無法明白：「我為何選擇這一世？」「生命藍圖背後有什麼未竟的學程？」以及「為什麼直到今生才遇見得以解讀這些資訊的機緣？」

因此，我選擇前文已分享過的案例來說明——擔任保險顧問的四十歲女性個案，她已完整經歷潛意識回溯與印記認知轉念的歷程，適合進入「出生前計畫」與「今生生命全息藍圖」這兩個步驟的實作。以下內容，將採用引導問句與個案回答的敘述方式，帶領讀者深入理解兩者實作過程，並驗證上述我所強調的「極為重要的前提」。

我：「妳帶著什麼樣的靈魂本質來到今生？」

個案：「我帶著一種調皮、興奮、好玩的闖關遊戲心情來到這一世。像是出生於不和睦的原生家庭、在感情中扮演小三、扭曲看待自己的價值觀……這些看似混亂的經歷，其實全都是我靈魂所設定的闖關遊戲劇本。」

我：「這樣的靈魂本質，會讓妳今生出現哪些生命狀態？」

個案：「我會一直想搞清楚『什麼才是真正正確的事情？』，並渴望活出靈魂真正的價值。」

我：「那麼，對妳此生影響最深的，是哪一段前世記憶？」

個案：「我腦中浮現出我曾篡奪夫君皇位的那一世。我成功害死皇帝，雖一度掌權，卻引發眾人起兵造反奪回政權。最終我交出權力，被處決收場。這讓我領悟到今生的關聯，像是為了炫耀自己有靠山、為了金錢權勢而利用感情、欺騙他人，終究一切都是空。只要不是正當的，就不該去做。」

我：「那一世的結局，與妳今生還有哪些關聯？」

個案：「我感受到自己靈魂對權勢的迷戀與冥頑不靈，所以今生再次重來，是為了學會如何在爭奪、恐懼、危機中，分辨什麼才是真正正確的選擇。」

我：「那一世離世後，經過了幾世才來到今生？原因是什麼？」

個案：「經歷了八十七世後才來到這一生。因為那一世留下了強烈遺憾，而今生的心願就是獲得更多讓自己改變的資訊，完成真正的覺醒。」

我：「那妳這是第幾次來到這個世界（地球）？」

個案：「第一千三百次。」

我：「那麼，為什麼直到此刻，妳才有機會開始瞭解自己今生的出生前計劃？」

個案：「因為最近生活接連發生很多困難與挑戰，我不想再苦下去了。我渴望有一條指引我回歸靈魂價值的道路，不再想繼續玩這樣的遊戲了。」

我：「那麼，在妳尚未出生之前，妳為今生所設計的生命計畫是什麼？」

個案：「體驗『貪、嗔、痴』印記下誕生的各種業障，從中獲得飽滿的體悟與覺醒，並做到從內心深處對所有靈魂與生命生起謙卑與敬仰之心。」

我：「為什麼妳選擇這一對父母來投胎？」

個案：「是為了觸發我內在的罪疚印記與認知模式。這對父母本身就是缺愛與渴望被關懷的個體，我需要這樣的家庭條件來促使我覺醒，推動我走向靈魂本質道路。」

我：「那妳邀請了誰來協助妳完成這一生的生命計畫？」

個案：「我的父母。」

我：「當時，妳是懷著什麼樣的情緒和感受去邀請他們的？」

個案：「我誠心地拜託他們協助我。起初，他們的靈魂認為自己沒那麼偉大，幫不了我，但我一再懇求，他們才終於答應。我很感動，因為我知道一個冥頑不靈的靈魂真的不容易覺醒。我告訴他們：你們只要幫我這個忙就好，至於成果如何，我會自己承擔。」

我：「妳邀請他們做些什麼行為，來協助妳完成這一生的體驗？」

個案：「他們也有自己靈魂的出生前計畫與生命藍圖要實現，因此在不影響他們主線任務的前提下，透過支線任務的方式來協助我。例如我小時候，媽媽曾因管教問題把我吊起來打，這件事在我心靈裡烙下了極深的痛苦印記。

「這種情緒性的教育方式，來自於她自己童年時期的創傷——她曾被親生父母送去別人家中做養女，在養父母家也經常遭受打罵，長期處於自卑與匱乏之中。

「而我今生的自大與執著，正好觸發了父母內在尚未被轉念的負面印記，於是他們的言行情緒就像是一面鏡子，反映給我，讓我繼承並內化了這些未解的生命印記。而我在接受量子轉念引導後才驚覺，自己潛意識中竟也在不自覺地複製他們的情緒與言行。這讓我更清楚理解，所有痛苦都是為了促使我努力從沉睡中覺醒。」

我：「從這段問答中，妳明白了什麼？」

個案：「我體悟到，靈魂唯有透過生命中的具體體驗，才能真正增長智慧。而真正的『臣服』不是因為害怕而屈服，而是對於『道』（宇宙天地萬物的運行法則）的心悅誠服，願意與之同行。當我願意順著『道』而活，內心會自然變得豐盛、飽滿且充滿喜悅。」

我：「妳現在知道，自己今生無論遇到『幸』或『不幸』的真正原因是什麼了嗎？」

個案：「『不幸』來自於錯誤的價值觀與執念，那些讓我受苦的事件，其實都是我自己錯誤觀念的投影與吸引。如果沒有那些執念，根本就不會吸引這些所謂的禍事。

「而『幸運』則是在那些痛苦與錯誤的體驗中，我能看見正確的『道』，不再只是因為害怕犯錯或被懲罰而去壓抑自己，而是打從心底願意臣服於『道』。這種自然喜悅的心境，才是真正的幸福。」

我：「那麼，妳現在知道自己今生存在的意義與目的了嗎？」

個案：「我渴望幫助那些仍被潛意識負面印記擺佈、無法自拔的人，讓他們看見那些自認為痛苦與創傷的事件真相——它們其實不是人生的污點，也不是不幸，而是靈魂為了讓我們覺醒所安排的精密設計。」

我：「妳覺得自己今生的靈魂計畫，已經實現了嗎？」

個案：「我最近開始陸續看見潛意識中錯誤的認知模式，雖然還在過程中，但我已經啟動了改變，並且正在努力實踐與轉念當中。」

以下這段是個案接續「預觀未來」（生命全息藍圖）的轉念內容：

我：「請妳離開投胎前的時間點，回到目前四十歲的年齡。接著，請預觀四十五歲的自己，在感情方面有什麼主要的狀況？」

個案：「即使有了另一半，我也不再需要透過他人的肯定來證明自己的價值。我明白，自己本身有愛，就已經是一個有價值的存在，不需要靠別人的愛來證明。」

我：「那麼在四十歲到四十五歲之間，感情方面有發生什麼特別需要妳注意的事件嗎？」

個案：「會出現喜歡我的人，但我對他沒有感覺。我不想為了證明自己是有吸引力、有價值的女性，而硬要接受一段不屬於我的感情。」

我：「那麼四十五歲的自己，在工作（事業）方面的主要情況如何？」

個案：「我成功實現了自己的價值，做著有意義的事，也真正活出了自己。」

我：「四十歲到四十五歲之間，在工作方面有什麼特別需要注意的事件嗎？」

個案：「在人際溝通上要有更多耐心，不要因為片面之詞就貿然下判斷，要小心避免用自己的主觀去蓋棺論定別人。」

我：「那四十五歲的自己，在健康方面的狀況如何？」

個案：「比起現在有了好轉，但要特別注意心臟和子宮方面的健康狀況。」

我：「那在這五年間，健康上有什麼特別事件或提醒嗎？」

個案：「要維持規律的作息，不能忽略生活的節奏與身體的訊號。」

我：「那四十五歲時的家庭狀況如何？」

個案：「每一位成員都安好，彼此間不會為對方的事而過度煩惱，家庭氛圍穩定、平和。」

我：「在四十歲到四十五歲這段期間，家庭方面有什麼需要特別留意的事嗎？」

個案：「我哥哥常有心事，我需要多關心他，陪伴他走過難關。」

我：「那在人際關係方面，四十五歲時的狀況如何？」

個案（語氣開心）：「改善好多！我不再像以前那樣自以為是，也不會因為過於自我而忽略他人感受，學會尊重他人，懂得傾聽。」

我：「那麼在四十到四十五歲之間，人際上有什麼事件要妳特別注意的嗎？」

個案：「要懂得關心真正需要被關心的朋友；而不該插手的事情，自己也要學會放下與不多問，拿捏好分寸與界線。」

我：「請妳接著預觀五十歲的自己，在感情方面的主要情況如何？」

個案：「我遇到一位三觀相合的人，我們穩定交往，也一起共同創造人生，是靈魂契合的伴侶關係。」

我：「那在四十五歲到五十歲這段期間，感情上有什麼特別要注意的事件嗎？」

個案：「對方生活中有些小毛病，要記得不要過度放大，學會包容，才能共同經營關係。」

我：「那麼五十歲時的自己，在工作方面有什麼發展？」

個案：「很順利，我有了自己的團隊，成員之間志同道合，彼此合作無間，大家一起朝共同的理想努力前進，感覺非常充實。」

我：「在這段五年裡，事業方面有什麼要注意的事件嗎？」

個案：「要小心投資上的誘惑，不能只看眼前的利益。需要從整體團隊的心性與實際狀況去綜合考量，才能作出穩妥的決策。」

我：「五十歲時的自己，健康狀況如何？」

個案：「都是些小毛病，沒有出現大問題，整體算是穩定健康。」

我：「這五年間在健康上有什麼要特別注意的事件嗎？」

個案：「沒有特別的事件，只要持續好好照顧身體。」

我：「那五十歲的妳，家庭方面的情況怎麼樣？」

個案：「爸爸在我四十八歲那年離世，媽媽則在我五十歲時離開人世。雖然不捨，但整體而言，過程是安穩平靜的。」

我：「那這段時間在家庭方面有什麼特別要注意的事件嗎？」

個案：「沒有。」

我：「在人際關係方面，五十歲的自己情況如何？」

個案：「非常好，我已經能夠明辨出誰是真心，誰是虛情假意。我不再被表象迷惑，而是能從心看人。」

我：「那這五年中在人際關係方面有什麼要注意的事嗎？」

個案：「要學會接受在這世界上，確實會有一些人並非真心，這是現實的一部分。我要放下期待，保持清明的辨別與自在的心。」

我：「請妳預觀六十歲的自己，感情方面的主要情況如何？」

個案：「感情穩定，能夠享受當下的每一刻，沒有太大的波動與變化。」

我：「在五十歲到六十歲之間，感情方面有什麼特別需要注意的事件嗎？」

個案：「要時刻提醒自己，保持自我覺察，注意是否被對方無意間觸發了潛意識深處的印記，進而影響情緒和言行。」

我：「那麼，在六十歲的自己，工作（事業）方面的主要狀況如何？」

個案：「會面臨許多大大小小的考驗，就像是人生中的離別與曲終人散，內心難免會感到失落。」

我：「在五十歲到六十歲的事業階段，有什麼特別需要妳留意的事件嗎？」

個案：「不要過度沉浸在失落與悲傷的情緒中，而是要勇敢面對內在深藏的印記，正視它們，才能真正走出陰影。」

我：「六十歲時，健康狀況如何？」

個案：「整體還算不錯，但最重要的是避免過度的悲傷情緒，這會影響身體健康。」

我：「那麼，在五十歲到六十歲間，有什麼健康方面的特別提醒嗎？」

個案：「同樣需要時刻提醒自己，不要讓情緒影響身體，要細心留意並呵護自己的健康。」

我：「六十歲的家庭情況如何？」

個案：「哥哥妹妹都已經有了各自的生活，我和伴侶之間也沒有發生特別的事情。」

我：「那在五十歲到六十歲之間，家庭方面有什麼重要的課題需要面對嗎？」

個案：「生死離別的課題需要有勇氣去面對，這是必經的生命功課。」

我：「那六十歲時的人際關係如何？」

個案：「相處得還算圓融，關係維持得不錯。」

我：「在五十歲到六十歲之間，人際關係方面有什麼特別需要注意的事件嗎？」

個案：「不必對那些不喜歡的人心生負面情緒，這樣沒有任何意義，反而浪費自己的能量。」

我：「請妳預觀自己今生結束的年齡是幾歲？」

個案回答：「七十六歲離世。」

我：「請問是什麼原因，以及以何種方式結束了今生？」

個案詳述：「是心肌梗塞，發生在白天走路至商務大樓搭電梯時，過程非常短暫，只有三秒鐘。」

我：「妳離世時身處何地？身旁有沒有人陪伴？」

個案回憶：「當時正好在電梯裡，時間是早上九點零七分，心肌梗塞發生五分鐘後我就斷氣了，四周沒有人。」

我：「離世那刻妳看見了什麼？」

她感性地說：「內心感到非常開心，我看見已經過世的身心靈啟蒙老師，還有幾位好朋友，心中感到圓滿和安寧。」

我：「回顧這一世妳完成了什麼？」

個案堅定回答：「完成了自己想完成的事業，我心裡沒有罣礙，靈魂的五大課題都已體驗並通過，感到心滿意足。」

我：「那麼妳覺得自己這一世還有哪些未完成的事？」

她坦誠說：「對哥哥妹妹的牽掛，擔心他們繼續因為負面印記而輪迴，還有他們沒有選擇走靈魂覺醒的道路。」

我：「在這一世妳有感受到喜悅嗎？」

個案點頭：「有的。」

我：「在這一世，妳有幫助過誰、讓他們感受到喜悅嗎？」

她微笑：「有，我的事業夥伴、客戶、個案，還有身邊相處的人，包括我的父母與哥哥妹妹。」

我：「在這一世妳成為了自己想成為的人嗎？」

個案說：「是的。」

我：「這一世是妳想要的人生嗎？」

她充滿感激地回應：「對，這一生真的太精彩了。」

我：「走完這一世，妳學習到了什麼？」

她深刻地說：「『道』不是你去抗衡，而是要與祂融合，這樣內心才能充滿豐富與喜悅。」

我：「妳領悟到什麼人生真諦？」

個案反思道：「不要狂妄自大，內心的狂妄往往源自深層的自卑，那些過度掩飾匱乏的行為，需要用智慧去化解。」

我：「對於這一世的生命歷程妳滿意嗎？」

她誠懇說：「非常滿意。雖然經歷過痛苦，但很幸運能遇到量子轉念引導技術，並透過一對一轉念引導和課程得到幫助。」

我：「還有什麼是妳想改變的嗎？」

個案搖頭：「沒有了。」

結束回溯引導後，個案睜開雙眼，臉上綻放興奮與喜悅的神采。她分享著自己對人生及未來的看法，內心多了一份安定與堅定，對於未來充滿信心。

透過大量一對一「量子轉念引導」個案所展開的潛意識回溯歷程，加上我個人接受雨曇引導下所經歷的量子轉念過程，我更加深刻地體驗到幾個核心要素：內在印記的浮現機制、轉念帶來的意識覺醒力量，以及人類意識場的運作機制。

每一次引導中，我都親眼見證：只要搭配正確而精準的引導方法，每個人都具備連結、接收並解讀自身靈魂經驗中「阿卡西記錄」的能力。這些靈魂訊息的根源，正是儲存在「零點場」中的意識資訊網絡，它超越個體記憶，串聯著靈魂在多重時空中的體驗軌跡與成長藍圖。基於這些回溯實證與意識體悟，我將其關鍵原理與引導步驟進行統整與精煉，進而建立出一套具體可行的操作要領，並發展出「量子轉念引導技術系統」的理論架構與實作流程。

我也進一步發現：當一個人試圖解讀自己，或協助他人探索其「出生前計畫」與「今生生命全息藍圖」時，若其出發點是為了逃避內在的恐懼、滿足小我的慾望，或抱持對未來順遂與好運的幻想，那麼這樣的心態反而使人陷入潛意識中三大負面印記的制約，進一步削弱其主動創造人生的力量與動機。這種態度，並非真正的「隨緣」、「豁達」或「臣服」，往往只是披上靈性外衣的消極逃避。

真正的靈性覺知，從來不是為了預知好運或逃離痛苦，而是為了能更清明地看見內在的運作機制，從而重新取回意識主導權，走上靈魂自覺的道路。

揭開前世回溯的常見誤解

我們常以為，前世回溯只是將某段生命經驗的「A點」與「B點」相連，彷彿人生的因果關係只是簡單的「兩點一線」就能療癒化解。然而，在這條線之間所跨越的漫長時間，真的只是處於休眠狀態嗎？

若真如此，這不僅違背了輪迴模式中「靈性覺醒」的基本法則，也掩蓋了那段時間所潛藏的觸發機制——究竟是什麼喚醒了這些被壓抑、被遺忘的記憶？

如果我們跳過這些探究的過程，僅憑起點與終點的表面關聯，就草率地為因果關係下結論，那就像是面對一道數學題，不經演算便直接填上答案。

這樣的行為，究竟是天才的直覺，還是靈性的偷懶與逃避？

輪迴的本質，正是透過線性時間的鋪陳，讓我們一次次面對那些「重蹈覆轍」的生命主題，從中覺察出深植於潛意識中被印記固化的認知、慣性思維與重複行為。它絕不是單純的兩點一線，而是多層次、動態重複堆疊的歷程。

更重要的是，「知道」與「想通了」是截然不同的心靈層次。就像一個人因為害怕酒駕罰則而遵守法律，那是一種表層的「知道」，內心是「恐懼」的；但若是因為真正理解並珍惜生命，進而自律不犯，那才是「想通」——是一種源自內在價值的覺悟與選擇，內心是「平安」的。

Part 4 關於命運、平行宇宙與生命藍圖的 *Q&A*

在潛意識回溯、印記認知信念系統的轉化，以及意識覺醒的探索領域中，我已投入超過二十二年教學與個案引導經驗。我不僅親身實踐，更致力於教學量子轉念引導技術，引導無數人找回內在轉念的力量，重獲意識清明。

以下，我將分享在多年一對一引導及課程互動中，個案與學員最常提出、也最渴望解答的靈性核心問題。

Q1、離世親人若已轉世投胎，還能跟他對話嗎？

可以。前文提過，靈魂是一種「意識訊息的能量振動」，存在於零點場（集體潛意識、阿卡西），不受時空線性約束。我們常以有限的三維思維理解靈魂，以為就像一個人只能在同一時間待在一個地方，若「投胎」了就代表「離開」此時此地。但即使靈魂已轉世，依然保留他此生所有歷程的意識訊息記錄。

「量子轉念引導技術」中與離世者的靈魂意識對話，不是針對他轉世後的新身分，而是引導你的意識進入潛意識這道「時空之門」，連結零點場裡曾與你有深刻情感的他的意識訊息頻率，並與其形成量子糾纏，展開跨越時空與肉體限制的靈魂意識對話。

Q2、量子轉念引導技術能連結高靈嗎？

可以。「量子轉念引導技術」能夠引導你與高靈（更高智慧意識頻率）連結，不過這並不是依靠頭腦猜測或執念渴求，而是透過潛意識進入「零點場」去接收連結，啟發你內在與「更高維智慧意識層面」的意識頻率產生量子糾纏。

此技術的核心目的不是「外求答案」，而是穿越印記的認知扭曲，與真實、純淨的高維智慧意識共振對接。所得到的訊息不是「外來的」，更像是從零點場中調出「早已存在的答案」。當你以這門技術來與「高靈」連結時，真正的目標不是為了得到某個自我安慰的預言，而是指引你抵達下一階段的「覺醒意識」。

因此，只要懷抱上述心態，不需依賴特定地點、儀式、物品或他人輔助才可以做到，每個人皆能透過這門技術連結到高靈訊息，獲得啟發及指引。

Q3、起乩附身的神靈或高靈，真的是本尊嗎？

不一定。我曾接觸過不少「看見顯靈」或「被神明附身」的個案中，觀察到他們所連結的並非真正的神明，反而有曾在世間為修行者，或死後執念強烈的亡靈，甚至是動物靈所冒充，想藉此修行成道。但是，我們也不能一竿子打翻一條船，認為所有靈媒、起乩者、通靈者所連結到的，都是外靈冒充。

我曾在《量子轉念的效應2》提出二個重要原則辨別：

首先，來自外靈的意識體往往充滿偏執，早已陷入無法自拔、難以解脫輪迴的狀態，因此屬於低頻的意識振動。能夠接收到這類低頻意識的靈媒、起乩者或通靈者，其潛意識通常也帶有大量相似的執念印記，與低頻意識共振。他們只能透過相對低頻的方式，才能與這些冒充神靈的外靈建立連結。

這種連結過程，常會伴隨劇烈的身體反應，例如在某些「神靈」或「仙靈」上身前，必須不停抽菸、嗅香、打嗝，甚至經歷痛苦的身體狀態；一旦進入附身狀態，言行舉止宛如變了一個人。因此，在外人眼中往往會出現某些怪異行為，顯見其「連結之路」崎嶇不穩，如同駕駛在顛簸道路的汽車，令人不安與不適。

相對地，能連結高頻意識（例如高靈、天使訊息或神的訊息）的通靈者，則如駕駛頂級豪車——不僅行駛順暢，反應靈敏，連結訊息也流暢清晰。

這類通靈者無需經歷劇烈的身體反應或刻意進行儀式，便能隨時與高維意識對接，並展現出截然不同的通靈訊息品質與穩定性。低頻通靈者雖然也能接收到訊息，但就像開著平價小汽車——性能差、品質不好，不僅駕駛費力，乘坐的舒適感也相當差。連結較低頻的意識時，身體會出現強烈反應或明顯不適，所傳遞出的訊息內容，大多仍以人類有限的五感官與三維思維模式表達。至於真正高階的通靈者，在連結高頻意識時，往往不需特別閉上眼，或刻意用力去「想像連結」這個動作。因為高頻意識本就無所不在，而高階的訊息接收者則是活在同樣的高頻狀態中，自然與之合一，無需刻意追求，身體也幾乎沒有反應，就像根本沒有產生連結一樣。第二個原則，通靈者是否能理解並傳遞高靈訊息的深度，取決於其自身意識覺醒的程度。正如高靈「布達賀」曾說過：你的意識覺醒程度，會對應到與你意識頻率相匹配的人事物——包括你所遇見的靈性老師、帶領者，以及接觸到的知識與團體。因此，「通靈能力」與「通靈者是否具備高維靈性層次或覺醒的意識狀態」，兩者不必然劃上等號。具備高維意識或覺醒程度的人，通常自然擁有通靈能力；但擁有通靈能力的人，卻不一定已達高維意識或覺醒狀態。

若將高靈訊息比喻為 4K 高畫質的影像資料，那麼「高維度意識的通靈者」就像使用 5G 旗艦手機來接收這段影像——畫面清晰、聲音立體、細節豐富，且順暢無延遲。其所表達的訊息，往往蘊含著能喚醒靈魂的智慧能量。

相反地，如果使用僅支援 2G 網路的老舊手機來接收同一段 4K 影像資料，別說高畫質影片，就連靜態圖片可能都無法完整顯示，甚至只能勉強跑出一些不完整的文字內容。這就像是「低維度意識的通靈者」所傳遞的訊息，多半流於空泛的大道理——乍聽有道理，實則啟發有限。這並非高靈本身的頻率層次低，而是通靈者頻率對不上——要麼接收不到，要麼無法準確詮釋。

以上兩個重要原則，提供給你作為辨識通靈訊息真偽與訊息智慧含量的參考。

Q4、觀摩老師在未下達指令的情況下，為何個案仍能進入回溯？

其實我是有下指令的，只不過量子轉念引導技術步驟指令，並不是以「暗示」的語言性質而設計。

催眠療法起源於十八世紀的動物磁力治療，後來發展出佛洛伊德精神分析催眠、艾瑞克森間接暗示催眠等多種流派，至今已近二百年。它的確是我們較常聽聞回溯前世的方法，其中較具代表性的專家，就是出版過許多前世今生催眠療法著作的知名精神科醫師布萊恩・魏斯博士（Brian L. Weiss）。然而，這並不是唯一能夠回溯前世今生的方法。

茲以二千五百年前的佛陀為例，他並未依賴任何外在神祇或儀式，而是透過深層禪定與極致的觀照覺察力，從「老死」開始回溯逆觀，一層層自問自答，追問生命苦難的源起——「無明」。這個倒推的過程，實際上是極為專注的意識回溯邏輯：老死→生→有→取→愛→受→觸→六入→名色→識→行→無明。

這十二因緣，不僅揭示了個體如何在無明中不斷輪迴，也道出靈性意識覺醒的關鍵：只要能斷除「無明」，便能截斷輪迴鏈條，止息一切苦的循環。

為了讓弟子理解這種非線性、非物質的因果鏈，佛陀還提出「四聖諦」作為轉化地圖：一是苦——承認生命有苦；二是集——洞察造成痛苦的根源；三是滅——明白痛苦並非不可解；四是道

──實修八正道，走向究竟的解脫。

佛陀不只一次分享自己在過去世中所扮演過的角色：國王、商人、動物等，但這些「前世譬喻」的用意，並非為了增添神祕色彩，而是用來解說某種正確的信念或某種錯誤的執念，它們如何穿越時空、在不同的生命情境中重複上演，這種由內而外、透過靜觀與覺察達成的「回溯式意識擴容」，總不能說佛陀都是使用催眠技巧吧！

量子轉念引導技術的核心原理與佛陀精神極為相似，不是只帶領個案回溯「看見前世」來滿足好奇心，或建立因果對號入座，而是像佛陀一樣，透過一系列對潛意識「發問」、「覺照」、「鬆動」與「轉念」的過程，引導個案從潛意識印記看見背後潛藏的執念──有些來自童年時期、子宮胎兒時期，甚至深藏在多世之中──將它們從源頭印記執念中鬆脫，並覺醒轉念。

Q5、宗教信仰是否會影響對前世回溯的認知嗎？

從靈魂運作的本質來說：「不會」，但從心理防衛的層次來說：「會」。因為每個宗教有其對生命、靈魂與時間的詮釋架構，有些鼓勵個人內觀生命本質，提倡輪迴、生死、業力與轉化；有些則以「一次生命、一個審判」的觀點來看待靈魂的去處。

宗教信仰本身就是一種深層的心念編碼，會影響一個人對「回溯前世」的接受度與解讀方式。

我們曾帶領許多個案進行量子轉念引導，其中有不少原本是不認同「前世輪迴」概念的，其宗教信仰甚至明確否定前世存在的可能性；也有人對「前世」沒有信仰基礎或持保留態度。然而，在進入深層意識狀態、回溯探索潛意識印記時，他們卻依然清楚看見來自「非今生」時間的角色生命記憶畫面，而且恰好與他目前經歷的情感困境、身體疾病、重複模式等，產生高度共振與解釋力。

但我也必須誠實說明：若個案所信仰的宗教立場對「輪迴」持否定或警惕的態度，在進入前世畫面前，往往會出現較強的心理防衛機制，例如抗拒進入畫面、頭腦跳出懷疑聲音、甚至情緒激烈排斥等，這些都是意識層試圖「維護信仰」的自然反應。

即便如此，這些心理防衛也無法真正阻止潛意識印記的浮現，只是它們可能延遲畫面的開啟速度，或模糊訊息的解析度，直到個案願意放下頭腦的分析，轉而投入感受：「這段經驗正在喚醒我什麼？」

在這門技術中，我們不會強迫、說服個案「相信」前世的存在，而是引導他們「體驗」潛意識給予的訊息：是否讓我能了解印記帶來的執念是什麼？如何更理解自己、更能愛人、更誠實面對生命、更能意識清明與覺醒？

如果答案是肯定的，那麼重點不在於它是否符合教義，而在於是否幫助你更清楚面對此生的功課與困頓，並帶來真正的轉念與解脫。

Q6、前世回溯中的記憶是真實還是幻想？

有不少例子顯示，許多個案在回溯中所見到的「前世」情景，經事後查證當世仍存在的人物與事件，竟然得到明確的印證。而且早在世界多國的轉世研究文獻裡也有所記載，尤其在幼童的自然回憶案例中更為顯著，例如能精準說出前世居住的地點、人物姓名、親屬關係，以及如何離世的情節，經實地或文獻比對後，竟完全吻合。

從量子轉念引導技術的觀點來看，核心目的從來不是要「考古」，而是「轉念」與「覺醒」，我們不將前世畫面簡化為「真」或「假」的二分對立。

當我們進行潛意識回溯時，是為了看見造成自己目前困境的潛意識印記執念源頭，這些印記內容都是當時那世強烈的未竟之事，帶有強烈的情緒（例如遺憾、悔恨、失落、絕望、傷心等）或肉身被傷害的體感（例如病痛、被殺害、受重傷等），這些所看所感的畫面、體感與情緒，不是來自邏輯分析，而是在你準備好要面對時，潛意識這座龐大資料庫會開啟最需要被看見、鬆動與轉化的印記資料，就像是回憶一段久遠的重大情緒經歷，那畫面會讓你落淚、顫抖、痛徹心扉、悔恨、起雞皮疙瘩、有體感，甚至徹底釋懷、改變原先對人生的理解與選擇，那就是真實。

最終你會發現，真實不是來自驗證，而是來自內在的觸動。但是幻想，並不會讓你釋懷。量子科學早已指出，觀測會改變實相。因此，你看到的，不是憑空幻想，而是你在勇於面對及穿越內心陰影的意願下，允許被看見的內在「實相」。

Q7、輪迴只有「一報還一報」嗎？

這只是多數靈魂較常選擇的模式之一，因為它最容易讓人入門體驗「我就是你，你也是我」的一體意識究竟是什麼。

靈魂之所以進入輪迴系統，並不是為了機械式地「討債、還清」或「受罰、贖罪」，而是為了體驗整合意識與靈性覺醒。宇宙不會以懲罰的方式來教化靈魂，它更像是一個多維度的「意識覺醒養成系統」，而非執行道德審判教化的工具。

就像你進入一款RPG養成類的虛擬遊戲世界——即使角色設定、起點任務、能力值完全一樣，不同玩家進入同一角色，也會玩出全然不同的遊戲發展。命盤可能相似，但命運從來不會雷同，因為你的「起心動念」，會決定你如何觸發每一個劇情節點，差別在於你是被印記觸發的起心動念，還是有意識清明覺知的起心動念。

事實上，所謂的「反面體驗」（例如遭遇背叛、被當工具人、被否定等），透過正反兩極的經驗，往往比順遂圓滿的經驗，更容易讓靈魂識別出深層印記所產生的執著、信念與未整合的意識碎片。宇宙並非偏愛痛苦，而是透過對比來放大學習的契機。

很多人以為「命」就是定好的，其實更準確的說法是：你在出生前選擇了一款RPG角色扮演養成類的虛擬遊戲，但在實際遊戲的過程中，每一次的選擇、每一個念頭，會不斷影響你如何完成這款遊戲的路徑與結局。

因此當你去「算命」、「占卜」或接受「通靈預測」時，其實是根據你當下那一刻的意識頻率，所選擇投影出來的未來版本。倘若你在算完命的下一秒，又去算一次，那麼你的起心動念已有所不同，你所對應到的未來預測也會跟著變化，也就是說，你選擇了跟前一刻不一樣的版本。

這正是量子轉念引導技術中所強調的重點：「未來不是註定的，而是被當下的你不斷選擇、觀測決定出來的。」

我曾有兩次請知名大師算命的經驗，兩次結果都與命盤顯示完全不同。一次是我三十四歲、處於人生低谷且被確診重度憂鬱症時期，命理師說命盤顯示不該如此，但現實上的我卻與命盤上顯示不同；另一次是二〇一八年時，易經八字顯示我應有的性格、作風、事業屬性以及流年走向，完全都與現實不吻合了。對方解釋說，因為我的意識狀態早在多年前就徹底改變了，因此早已跳脫這命盤的命格了。

這兩次都印證了宇宙的「業力機制」，並非懲罰你過去的選擇，而是讓你有機會重新理解並轉化這些選擇背後的認知與信念認同。你可以選擇重蹈覆轍，也可以選擇看穿執念進入新的版本頻帶。

所以，輪迴，不是為了「償還受報」，而是為了「自我覺醒」。

Q8、今生困境皆源於前世嗎？前世回溯是否為解脫的必要途徑？

我們常以為今生所遇到的每個困境，一定跟「某段特定的前世」有關，彷彿命運是由兩點一線的因果鏈構成。在這門技術的實作觀照中，我們不再只以「兩點一線」的時間觀來理解事件與信念之間的關係。每一次被觸發的情緒或難以解釋的困境，其實都像是電腦系統中被點開的「檔案」，其建檔時間，並不總是來自「前世」的資料夾。有些印記來自童年時期，有些來自在子宮內胎兒時期階段，當然也有些則來自多生多世前的經歷。

這門技術就是從這些觸發點回到檔案建立的源頭時間，不是為了「追究誰對誰錯」，而是為了鬆脫那份印記執念，從線性的受害敘事中醒過來，以有意識的方式識別幻相及真相的差異，從而真正開始覺醒轉念。

Q9、每個人都有前世嗎？為什麼我回溯不到？

宇宙中萬事萬物都有「起源」，也就是都有「歷史」與「過去」。事物每一次變化重組，都會產生新模樣，此時舊模樣就成了過去。連宇宙都有「過去」，人類當然也不例外。二〇二〇年獲得諾貝爾物理學獎的英國物理學家羅傑．潘羅斯指出，在量子力學中，量子訊息的確可以在時間上回溯到過去，大腦是一個量子系統，其量子效應可以解釋時間回溯現象。

你之所以「想不起來前世」，是因為太過習慣用五感官（眼、耳、鼻、舌、身）來與世界互動，意識長期鎖定在三維的時空邏輯與經驗框架中，使得心靈那原本具備的感知連結能力逐漸鈍化。

然而，在量子轉念引導的過程中，我們一次次見證，個案潛意識裡隱藏的三大扭曲印記信念，隨著發問、覺照、鬆動與轉念的進行，深層的感知連結能力也會逐漸甦醒。此時，個案開始能夠感受到直覺的真實、接收心靈畫面，甚至自然進入回溯狀態，不再懷疑或抗拒內在所顯現的訊息。他們體悟到——問題從來不在於「我有沒有前世」或「為什麼我想不起來」，而在於「我在潛意識裡，累積了多少尚未轉化的印記與信念」？

我常說「量子轉念引導技術不是加法，而是減法」，不是追求更多的神祕知識或技法強迫自己「看到前世」，而是轉化那些干擾你洞見到「實相的我」的印記執念。如此，回溯前世就能自然進行了。

Q10、阿卡西記錄解析中，我們遺漏了哪些理解誤區？

關於這題，我從以下這兩個層次來加以說明：

一、每個人都只能親自走過自己的生命

同一本書、同一部電影，不同人閱讀與觀看後所得到的領悟與體會，往往大相逕庭；即便是

同一個人，在不同人生階段再次接觸，也會因心境與意識狀態的變化，而有截然不同的感受與理解。那麼，若我們僅依賴他人對自己生命歷程的觀察與詮釋，作為理解人生的依據，其準確度豈不是存在誤差？更何況，即使是經驗豐富的解讀者，也難以完全排除個人的主觀投射與價值判斷，做到全然客觀。

好比找人代替你去相親，然後回來告訴你對方是「怎麼樣」的一個人。問題是，真正要與對方建立關係共同生活的是你本人，而不是代替你去相親的人。同理，未來要走過生命旅程的，依舊是你自己，而非幫你解讀命盤的那人，把自己的人生交付他人詮釋，實則是將「選擇權」拱手讓出，風險代價難道不大嗎？

以紫微斗數為例，即使解讀同一張命盤，不同命理師可能得出不同的詮釋與重點。命盤只是工具，關鍵在於解讀者的悟性與修為。這和十位學生同時一起學習鋼琴、文學、數學是一樣的，即便是同一位老師所教、使用的是同一台鋼琴、同一本教材，十位學生的學習成效依舊天差地別。工具的力量，終究取決於使用者的心性與智慧。

二、解讀的深度，取決於是否貼近當事人的內在真相

解讀阿卡西紀錄的過程，如同旁觀者在閱讀他人的人生劇本。我們或許能看見外在事件的發展與人際互動的輪廓，但若未能洞悉當事人內心最深層的情感、信念與潛在認知動機，解讀終究

只是片面。就如我們研讀歷史時，表面上看似清楚項羽與劉邦的言行軌跡，卻無法真正知道他們當下的內在掙扎與心理狀態。除了當事人，誰能準確說出他們當時的所思所想？

這正是潛意識印記的關鍵所在。潛意識深層的罪惡感、羞愧感、創傷、移情的信念與投射，會直接影響一個人的認知觀點、意志、情緒與行為。若解讀中無法觸及這些根源，所呈現的內容便可能流於表面，甚至誤導。許多世間的誤解與遺憾，正是源於這些理解偏差。

因此，若要真正貼近真相，就必須以當事人的內在感受為核心，讓他自己去看見、感受、領悟。這正是「量子轉念引導技術」的根本精神——不是由他人替你解答，而是引導你回到內在，重新對焦於潛意識中的印記與信念，進行深度的轉化與轉念。

真正有修為的開悟者，在解讀阿卡西紀錄時，能以清明的智慧與慈悲心，引領對方接近真相，啟發生命的方向。若自身修為未臻成熟，過度依賴技術形式，不僅無法真正幫助他人，反而容易誤導對方，如同翻譯者若無足夠的語感與文化理解，只靠字面直譯，便難以傳達原作者的真正意境。一位好的靈性引導者，如同優秀的翻譯者，其指引深度，源自長期內修與真實體悟的積累。

Q11、回溯前世會按照輪迴的時間順序出現嗎？

在零點場裡，每個意識印記事件並非以線性時間存放，而是像資料庫的檔案夾一樣共同存在。量子轉念引導技術會依照你當下求助的事件中，潛意識印記被觸發的「活躍程度」來排序，並非按「日曆式」的時間軸展開。

同理，你所被引發的潛意識印記核心，並非按照「前第一世、前第二世、前第三世」條列展開，而是靈魂根據當下需要覺察與轉化的主題，呈現相關的印記事件。所以要找到印記核心源頭的那一世前，需要逆推回溯，循著過往重複經歷作為線索，才能精準找到源頭。這個過程，很容易會出現下意識的自我心理防禦保護，形成阻礙。

所以，鬆動那些重複出現的前世印記執念是必要的，靈魂會主動選擇從哪幾世、哪幾段類似印記事件開始喚醒，比如某段執念的源頭來自今生前的第三百世，但在前第八十世、前第一百世、前第十世，都重複這段印記執念造成的後果，那麼個案在回溯尋找印記源頭所發生的第三百世前，潛意識會從第八十世、前第一百世、前第十世中，按照印記強度選擇浮現的先後次序。

Q12、前世是否可能是外星生命？靈性程度比人類高嗎？

這是肯定的。宇宙萬物，包括基本粒子本身，皆源於「訊息」，外星生命體是宇宙創造的一部分，當然也是由訊息組成，所以你的靈魂本質，從來不限於「地球人類」的身分、單一物種或碳基肉體之中。

我們所說的「前世」，也不只是地球歷史中的輪迴經驗，更涵蓋靈魂在不同維度、星系、文明中所展開的多元體驗歷程。有些人的靈魂意識，可能早已在無數的星際文明及宇宙維度中，扮演過光體、能量生命、半生物意識體，或是某種非語言式共感體系的角色存在，類似佛陀說的四生：卵生、胎生、濕生、化生等一切眾生。

「高階靈魂」或「高維靈魂」，不是「靈魂高級」；低維與低頻，也不代表「靈魂卑微」，靈性不是階級制度，不是從「初級靈魂」爬到「高級神明」的權力金字塔結構，更不是外星生命體就一定「比人類厲害」這種封建式誤解，這些往往是靈性探索中，最容易誤解且被有心人士操弄的陷阱之一。

的確，不同維度的存在所能觀看世界的角度與清晰度，有極大差異。簡單舉例，二維世界的螞蟻與三維的人類，雖處在同一地球上，看到的畫面卻完全不同。人可以看見立體、遠近與上下結構，而螞蟻只能感受到前後、左右的平面結構。

同理，五維或七維的意識體，自然能看見三維世界所無法理解的時空景象及能量形式，甚至可以看見我們此生的生命藍圖架構，但這不代表他們比我們「更有價值」。

以地球上偉大的靈性導師佛陀為例，他是一位生於人間、成於人間的覺悟者。他以「人身」證悟後，不只在人間為人說法，說法時更有帝釋天（天界之主）、四天王、天人到場聆聽，並有所領悟，說《地藏經》時十方天神雲集聽法，更在忉利天（欲界天）為他已逝的生母摩耶夫人開示法義：天人雖福報具足，但若未斷輪迴，依然需回到人間修行。佛陀在《法華經》中甚至明言，不要因為天界的快樂與神通而志得意滿，因為那只是另一種暫時性的存在狀態，依然未脫離生死苦海（受時空約制的執念）。

若以現代靈性或新時代觀點來詮釋，帝釋天、四天王與天人，可類比為高靈或外星生命體的存在，而忉利天則對應為一種更高維度的時空場域。那麼，當佛陀為天神與天人說法時，究竟是高維存在或外星生命體向人類傳遞智慧？還是人類向高維存在或外星生命體傳遞智慧？

這個問題看似在比較「誰比較高」、「誰來教誰」，但從佛陀的這些場景在現代靈性觀點中來看，關鍵不在於生命存在的維度，而是一位在三維人間覺醒、圓滿自性智慧的靈魂，也能向高維存在者傳遞如何解脫輪迴、斷除無明的「終極真相」，這些顛覆了我們對「高靈必然比人類高智慧」的迷思。

從量子轉念引導技術與多維意識的角度來說，「高維」指的是場域頻率的擴展範圍，但「覺性」則是意識的清明程度，有些高維存有仍未覺醒本性，有些在三維人間的靈魂卻能超越形式、直入空性，這就是佛陀的存在意義。

因此，這不是單純的「高靈教導人類」或「人類啟發高靈」議題，而是誰先覺醒返回本源，證得空性與慈悲圓滿，誰就能成為開啟智慧之光的引路者。

如果以 RPG 養成遊戲來比喻，天人、高靈、外星生命體只是不同等級的角色或職業，但真正破關的是那個「完成自我覺醒劇本」的玩家。而佛陀，就是那個已經通關、甚至設計了破關攻略的人，他不只知道怎麼玩，還能告訴其他高階玩家如何跳脫輪迴的覺醒者養成遊戲攻略。

Q13、兩個不認識的人，回溯前世是同一歷史人物，這可能嗎？

在我引導過的個案中，確實出現多位個案回溯前世時，認為自己曾是同一位歷史名人，也出現過自己是不同文明時期的歷史人物，甚至是宗教知名的聖者。這樣的例子並不罕見。

當個案表示自己曾是某個歷史人物時，我們確實會直覺地懷疑：「那一定是在幻想，甚至騙人的吧？」

我曾在《量子轉念的效應2》中分享過一位女個案的回溯經驗：在瑪雅文明那一世中，她既是國王，同時也是王身邊的祭司。因為「我」，從來不只是單一存在，而是意識場中靈魂意識的多維頻率共振者。

根據「靈魂碎片（多重轉生）理論」，一個靈魂能將意識片段分布於不同載體中，有可能多人共享一段靈魂經驗或能量，這與大型多人線上 RPG 遊戲類似，可以多人上線共享遊戲裡的同一個或其他角色來體驗。榮格的「集體潛意識理論」認為歷史人物象徵了特定的原型能量，人們可能與這些原型共振，而非真的是該人物。

以上這些觀點與零點場理論存在共同點。從量子意識與零點場的觀點去看，這些訊息資料是能量振動的，比如一段直播影片，無數台手機、平板、電腦雖然外型、規格不相同，卻都能連上那個訊息頻率源頭，播放同一段影片。

靈魂之所以這麼做，是為了運用其他的靈魂經驗，來獲取更多體驗，達到更高維的轉化與覺悟。以《金剛經》「般若實相」的核心來說，個案「是否為該人物轉世」這件事，已非二元性的「是」或「否」來決定了，因為「都是」也「都不是」。當靈魂達到「覺悟」的最終目的時，已超越了二元性的定義。

再舉一個例子說明：佛陀向弟子阿難講述他過去世曾為婆羅門青年名為「雲」（或翻善慧）時，供花禮敬燃燈佛，並在其座前發願成佛，當場承諾「我能」承擔菩薩行。燃燈佛遂為其授記，預言他未來成佛，名號「釋迦牟尼」的因緣。這段原文記載於《佛本行集經．卷四－受決定記品下》，卻被佛陀自己在靈鷲山向諸菩薩及大眾說法時推翻掉了。

根據《法華經．如來壽量品》記載，佛陀指出自己早在無法計量的時空前就已成佛（覺悟者），不是在今生菩提樹下開悟的那一次才成佛。並且自成佛以來，就不停在各個時空維度的宇宙世界中教化眾生，超越了生死與一切表象。

為了方便引導眾生開悟，佛陀還會根據每位眾生的特質（人類、物種、有形或無形及不同維度的生命），展現出不同的形象及教法。就連他今生年輕出家成佛、前世名為雲的婆羅門青年受燃燈佛授記、未來入涅槃等事件，也是為了開啟眾生智慧的方便示現。簡言之，無論是雲青年、燃燈佛、悉達多、釋迦牟尼佛，皆是正在講法的佛陀。

Q14、我不相信有輪迴，這種說法像是玄學而非科學

其實，不願相信輪迴，很多時候不是出於理性，而是潛意識對「面對自己過去」的深層恐懼，因此「抗拒」往往是一種選擇自我保護的心理防禦機制。

我們需明白一點：不是科學創造出天體運行、自然法則或宇宙真理，而是這些原本就存在，只是透過「科學」這項工具，被人類逐步解讀、理解與認識。科學的本質，是將五感官無法直接觸及的存在，透過儀器與理論模型轉譯成可被理解的訊息。正如我們透過望遠鏡看見遙遠星系、透過顯微鏡觀察細胞結構，前世記憶與輪迴印記同樣存在於更精微的層次，只是未被大多數人以熟知的方式感知。

量子力學中的「哥本哈根詮釋」提供了極具啟發性的視角。該理論指出：電子繞行原子核時，處於「不確定」的狀態，既沒有固定軌跡，也無法預測何時出現或消失。在沒有觀察時，它可能同時處於多個位置。一旦有觀察者介入，電子便會立刻「定態」於可觀測的位置。

這與前世印記的顯現原理極為相似。這些記憶看似消失於意識中，實則藏在潛意識深處。當我們以特定方式進行觀察與引導時，這些印記就會顯化出現，甚至跨越時間線在現世產生影響。

在「量子轉念引導」中，透過語言指令與意識導引，將當事人的注意力對焦在潛意識中的某個印記內容上。如同進行量子觀測一般，使隱藏的記憶浮現，並據此回溯到與之共振過往生命的

印記經驗。這並非迷信，也無關信仰，而是一種更高層次的意識探索與印記訊息解碼過程，是意識記憶與能量軌跡的延續現象。有句話說：「科學的盡頭是玄學」，若能放下抗拒進入探索，也許你會驚訝地發現，那些發生過的前世故事，其實一直記錄在零點場裡。

Q15、未來的命運早已決定了嗎？

是，也不是。我們所處的宇宙，其實是一個由設計者設計的超大型的虛擬實境系統，每一個「生命藍圖」就像一款 RPG 養成類遊戲主程式，每一位靈魂玩家以這個系統作為遊戲舞台，選擇進入其中展開多重體驗。裡面不僅有劇情、有關卡、有寶物，還有被巧妙設計好的主線任務與無數可能開展的支線任務。

主線任務是靈魂為了成長、轉化與覺醒而設定的核心課題，因此你會在今生遇見某些關鍵人物：無論是敵手、背叛者、良師、伴侶、貴人、小人，或是讓你經歷深刻痛苦或喜悅的人，他們的出現從來不是偶然。

支線任務則是在人生旅途中，因觸發某些情境、信念或選擇而展開的其他可能路徑，在不同支線任務中所遇見的人，可能會跟主線任務重疊，但關係的發展會與主線任務不同，也可能遇見完全不同的人及發展關係。靈魂在體驗途中可以選擇是否離開主線，去完成某些與主線任務課題相關（今生的首要課題）或無關的支線任務探索。因此，這是一款「開放式結局」的遊戲，他們在你出生前就已被邀請來參與你所選定的「RPG 養成類遊戲主程式」裡的角色了。

「每個未來及其結局都早已事先決定好」這句話看似「宿命論」，其實不然。在遊戲中，哪一個結局會成為你最終真正的經歷，取決於玩家當下的意識選擇。這不是宿命，而是設定；不是外力強加，而是靈魂自主選擇的深度體驗。

我會將遊戲裡不同未來結局的模式稱為「平行宇宙」。當你轉念、覺醒時，便相當於從一個實相版本頻道，轉向另一個全新版本的生命體驗頻道。

正如你計畫前往某個國家旅行，所有行程全都安排妥當，但是否要照計畫走，還是中途變更或延長旅程，最終仍取決於你這個「旅人」的自由意志。GPS 也是同樣的邏輯，你偏離了導航它不會責罰你，只會重新為你規劃新路徑。生命藍圖也是如此，它不是束縛，而是導覽地圖；神（宇宙）不會懲罰你選錯任務，而是在每個當下都給你重新選擇的自由。

在量子轉念引導技術系統中，有兩個深具意識轉念的引導步驟，一個是「出生前計畫」，另一個是「今生生命全息藍圖」。前者是帶領個案回溯至尚未投胎前，了解自己所選的主任務程式；後者則是進一步以當下年齡點為起始，預觀未來至此生結局，檢視自己如何經歷每個年齡段。若對未來及此生結局不滿，可以允許個案改選任務版本，我們會引導他預觀「改選後」的未來版本，觀察在愛、金錢、健康、人際關係與勇氣等靈魂五大課題面向上，有什麼不同的變化。

這麼做的目的並非為了「算命」或「預知未來」，而是讓個案明白一件重要的事：

在量子力學的「蝴蝶效應」下，每個細微的起心動念與決定，會在多重實相中掀起連鎖反應，雖然你擁有重新選擇的自由，但每個選擇必然牽動全局。

這個過程是讓個案真切體會：生命不是剪貼遊戲，不是「去掉壞的、保留好的」那麼簡單，選擇新的版本，就等於選擇了一整套新的動態劇情，可以開啟新的機會，也可能帶來新的挑戰

這麼做的目的，是讓你「帶著覺知選擇」，並為每一個心念與決定負起全然的責任，意識到自己正是這場人生遊戲的觀察者與玩家，那麼你就不再將命運丟給他人或神明處理，或是依賴正向思考、靈性療癒來逃避當下的困難，而是進入多維的實相視野，有意識地活出更有覺知的版本。這就是量子轉念引導技術中所說的「轉念」。

Q16、只是改寫印記，為何人際關係卻改善了？

美國物理學家約翰·惠勒（John Archibald Wheeler）曾提出一個震撼性的見解：萬物，包括基本粒子本身，皆源自於「訊息」；連時間與空間，也是被訊息「導出」的產物。在這個觀點中，宇宙的本質不再是物質，而是一個以訊息為核心的能量振動場，而我們的意識與觀察，則可能參與其中的創造與改寫。

最具代表性的實驗之一，就是「延遲選擇實驗」（Delayed Choice Experiment）。這項實驗將觀察裝置安置在雙狹縫板之後，也就是在光子以波動形式穿越雙縫之後，才決定是否觀察它是以

波還是粒子的形式存在。

令人震驚的是，當「觀察」的瞬間，光子不僅立刻從「波」的狀態轉變為「粒子」，甚至它先前已經通過雙縫的歷史軌跡也會同步被改寫。換句話說，我們的「觀察選擇」不僅影響未來的顯現結果，甚至能回溯改變過去已經發生的事情。

這揭示了一個顛覆常識的關鍵啟示：過去並非固定不變，意識的介入能夠重新改寫事件的因果鏈，並改變歷史路徑。這項實驗為「量子轉念引導技術」提供了科學佐證——透過回溯潛意識中印記的路徑，找到可以轉變印記認知與信念的「轉念威力點」（power point），就能重新編寫自己的人生劇本。

當你以新的觀察意識頻率觀看某事件時，你就正在發送一個新的意識信念能量波段，這個波段會吸引共振的人事物，以同樣頻率的方式回應你，形成意識能量迴路，使內在的改變「具象化」於外在現實中。這便是觀察者的觀察行為，能夠將電子或光子從不具形體的「波」態，轉變為具象的「粒子」態，這正是「具象化」的過程。

這樣的現象不再只是神祕學的推論，而是在實驗室中所觀測到的真實結果，與「量子轉念引導技術」的核心精神高度契合：每個人都可以透過意識的覺察、開悟、轉念與重新選擇，成為自己命運的創造者。

Q17、為什麼會吸引「爛人」，與前世因果跟靈魂約定有關嗎？

雖然吸引到「爛人」有極大機率源自於前世因果或靈魂約定，但並非你此生遇到的「每一個爛人」全都跟此有關，因為有些「爛人」是根據你此生潛意識裡的印記執念「新感召」（吸引）而來的。

我們常說一切都是「緣分」或「因緣」，從量子轉念引導技術的視角來看，所謂的「因緣」不只是命運的偶然安排，而是一種意識頻率的交會與共振。當兩個人、兩個事件，甚至一段生命歷程彼此「同頻」，就會如同兩個音叉在空氣中彼此觸動，這便是我們所說的「有緣」。

這樣的同頻共振，其實是意識層面的印記編碼對位，它可能來自於彼此相似屬性的意識波動（也就是你當下的信念與情緒所吸引的共振）；或者是前世未轉念的印記信念在此刻被觸發而產生的意識波動，這些都是形成「因緣」的程式編碼語言。

佛陀在《雜阿含經》中提到：「有因有緣，世間集；有因有緣，世間滅。」這句話的深意，恰好呼應了現代物理學中的基本概念——質能等價公式 $E = mc^2$。能量與物質其實是一體兩面，你的每一個信念、每一份情緒，都是一個能量單位，一道波動訊號，正在向宇宙發送你「願意經歷什麼樣的緣分」的訊息，更深層的意義是——

「你想要這段緣分來幫助喚醒自己什麼樣的執念，並且覺醒轉念？」

意識信念是種子，情緒是水分及養分，潛意識則是土壤——那片無所不包的量子場域，它不會拒絕我們給出的任何訊息，透過宇宙忠實地以顯化具象來回應自身。

Part 5 你是覺醒的玩家，也是宇宙的縮影

在這個由集體潛意識（零點場）編碼的虛擬宇宙實境裡，沒有人是真正置身事外的旁觀者。你既是自己覺醒故事裡的玩家主角，也是他人覺醒劇本中輔助的非玩家角色（NPC）。

這款遊戲的每個主要劇本架構早已決定好，每組主劇以及其所衍生的不同結局，構成了多重頻帶的平行宇宙，如開放式結局的線上遊戲，玩家在遊戲中的抉擇和行為，會影響到遊戲的結局並改變遊戲世界的面貌。

你在他人故事中，扮演觸發、回饋、轉折的命運橋梁，無論是相愛、對立、衝突或離開；同理，他人在你故事裡也扮演相同角色，這些劇情，都是你自己選中的安排。你協助他人覺醒，他人也在你看似「被動」的戲碼裡，成為你的關鍵助緣。所有的「他人」，其實都是你意識的「鏡像碎片」，你我既是一滴水，也是整片海。換句話說：你不只是系統的一部分，你是**整個系統的縮影**。

量子力學指出，觀察者不只是被動的旁觀者，更是創造者。而這個創造，不是由頭腦發出，是從潛意識的信念發出。根據普朗克——愛因斯坦關係式：$E = hv$（光子能量 E = 普朗克常數 h 乘以輻射頻率 v），能量與頻率成正比。換言之，頻率越大，能量越大。意識本質上是一種光子能量，你潛意識信念專注的焦點，無論好壞，都決定了你存在的振動頻率，決定你的現實能量場，塑造了你經驗的實相。

當我們以為自己早已「正念觀察」、「高頻顯化」、「用愛與光的心念觀察世界」，為何仍困於苦難與循環之中？

這是因為有一層更深的扭曲印記仍未被照見。其未被轉念的頻率，遠遠高過你表面意識所許的願望，即使表面上說「我想要幸福」，但潛意識卻深信「我不配得幸福」，那麼在量子場裡，哪個頻率會顯化？是願望，還是信念？當然是能量強度更高的「潛意識印記」。

那些潛藏內在的負面印記包括：

罪疚印記：「我不夠好」、「我沒用」、「我不被愛」。

移情印記：「只有和某人生活在一起，我才有價值」。

創傷印記：「我被拋棄」、「我失去了重要的人」。

這些都來自某個時間點未被理解的經驗。它們化為意識的記憶編碼，隨著時間推移，在你每日的觀察中重複觸發。根據量子力學的觀察者效應，「觀察造成坍縮，信念決定顯化」，你真正創造實相的，不是你「希望為真」的部分，而是你「相信為真」的部分。於是，我們以為那叫「命運」，其實是早在潛意識印記的能量場裡，已預設的實相結局。

美國細胞生物學家布魯斯・立普頓博士以腦磁波儀（MEG）證實：「意識不是大腦的產物，而是一種在身體內外皆可測得的能量場。細胞，是精神力量的產物，基因不是命運，而是由意識能量所開啟的藍圖，這不只是哲學，這是量子生物學的根本真理。」

光子的壽命是「永恆」，你的意識、你的靈魂、你的印記，也都處於這個「無時間場域」中，時間只是我們選擇以線性觀看的「排列」，是一種意識流動的錯覺。

當你未曾改變罪疚、移情、創傷印記等，就像不斷走進電影《天能》的旋轉門：看似往前走，實則回到過去，重啟相同的劇情與輪迴、經歷同樣虐心的苦難。每一次走進，不是為了「重複」，而是為了「選擇」。

電影《星際效應》中揭示：「時間」並非直線，過去與未來不是分離的。你的每一個版本，都被同時保存在多重宇宙中，每一個版本的「過去你」和「未來你」，都在某個維度活著，永恆存在。

電影《全面啟動》則揭示另一層真相：內在心理的深層意識與外在物理時間的落差。你越深入潛意識，時間流速越慢，能量則越集中。在不同的夢境層次裡，時間的流速、空間的穩定性、記憶的真實度，都會被重新定義。

這也說明了：真正的覺察，不是假裝遺忘、逃避對每一層潛意識的深入，而是回到當初印記形成的現場，解綁印記模式，照見真相，完成重塑與轉念。

「量子轉念引導技術」改變潛意識印記的方式，不是分析、安慰或表面的祝福語句，而是透過回溯罪疚、移情、創傷的主觀體驗，照見真相，有意識地改寫印記，並賦予新的意義。意思是，加速你的意識頻率，讓意識頻率越高，就越有能力穿越不同的時空維度，轉向另一個平行版本的你。

人生就像一部 RPG 養成遊戲，你可以選擇重新讀檔，以不同角色、不同劇情重啟冒險。當你從「角色」的視角躍升到「觀察者」，再升至「選擇者」，你將不再只是命運的接受者，而是生命藍圖劇本的選擇者。因此「轉念」的真義，不是雞湯句子的鼓勵，而是意識的選擇。

前世、今生、未來平行版本的你，可能有多重身分——某一世是爭權奪利者，在另一世是修行者，在今生其中一個版本是受害者，在另一個今生未來版本則是靈性導師。所有經歷過的身分，不是為了定義你「應該是誰」，而是覺察自己是否仍用舊有印記信念來觀看自己，或是選擇以轉念及覺醒意識去穿越命運。每一個版本的你，都在等你從夢中醒來，了悟自己「究竟是誰」？

當你醒來，不只是你醒來，是所有版本的你都會開始共振、轉念、覺醒，真正成為靈魂藍圖中的玩家。

「覺醒」不是某種靈性的特權，是還給你重新選擇的自由，是所有靈魂角色終將抵達的命運。你不需脫俗、不需神聖化、不需變得更像靈性導師才能達到，而是回到自己靈魂本來的清明意識。

真正的覺醒者，不需以白衣、仙氣、柔語或證書來證明修為。他們直指實相，平靜而清楚地告訴你：「你所經歷的現實，無論好壞，全是你過去每一次選擇所留下的意識印記，共同交織而成的結果。」他們與你我無異，也會流淚、歡笑、面對生活中的酸甜苦辣、悲歡離合；但他們擁有一種能力——當情緒被觸動時，他們不逃避、不壓抑、不做作賣弄，而是「有意識」的深入那波動背後，找到真相，並帶自己回到心的平靜與自由。

「意識覺醒，是唯一能超越時間循環的力量，是穿越生死輪迴與生命苦難的唯一出路。」

真正的自由，不是命運變了，而是觀察的意識變了。當你活在每一個當下的「選擇」裡，而非每一個過去的「印記」裡，你就已經自由了。

你不是來受罰的，你是來轉念的。

你不是來輪迴的，你是來覺醒的。

你不需要被療癒照亮，你本就是那道光。

你不是來依賴奇蹟的發生，你的每一次轉念覺醒，就是奇蹟。

致謝

二十年多來，我從這條探索生命實相路上真正學到的是什麼？

不是書本裡的觀念，不只是思維的邏輯，更是一段段活生生、刻骨銘心的心路歷程。

近十多年來，除了日常生活基本的運轉，我幾乎將所有時間與精力，都投注在「量子轉念引導技術」的推廣與實修上。

無論是教授課程、培育學員熟練掌握「印記投影模式」、進行書寫整理、舉辦公益講座，或是陪伴大家走進意識深處的探索——這一路，我始終不曾離開這條與潛意識對話的道路。我曾不禁自問：「有人在轉完念後，從此就活在臨在裡，再無困擾與挑戰？」或是「學完這門技術，就能擊敗所有印記所帶來的情緒激盪與困境嗎？」

在我自己和學員們身上，都見過一個常見現象：

當潛意識裡的印記被觸發時，意識會一度掉入某個平行宇宙般的內在時空，那裡的想法、觀點與情緒會受到舊有印記的深度牽引，但能不能堅持拒絕受到這牽引的誘惑，再度回到所熟悉已久的印記模式中，關鍵就是「清醒的選擇」。

轉念，不是要否認這份「情緒的真實」，而是即使你正在經歷情緒的起伏，同時你內在還有一個更高的意識，在溫柔而堅定地提醒你：「別忘了，你已學會看見真相的方式。」

真正的轉念，不是把靈性當作逃避的糖衣，而是當自己站在情緒的風口浪尖時，仍能清楚看見它背後的執著與執念，然後選擇清醒地走出來。

我還發現，當潛意識的印記被啟動時，即使我不是事件的當事人，內在仍會被牽動，旁觀者未必清。

但若我能夠在當下，辨識出這份情緒背後的印記、信念與投射，即便身處局中，我也不會迷失其中，也就是當局者也未必迷。

這一路走來，我要特別感謝我的太太——林雨曇。這十多年來，她為「量子轉念引導技術」的實踐與推廣付出了無數心力。無論是引導個案轉念，還是指導學員們實作，她總是不遺餘力、全心投入。她的堅持與信念，讓這門技術能真正落地、生根、結果，讓更多人獲得轉念與覺醒的力量。

我也感謝商周出版總編輯徐藍萍女士，在推動《量子轉念的效應》系列書籍出版上，給予我的支持與合作。讓那些曾深陷苦難、卻藉由轉念而跳脫生命輪迴、重啟人生的真實故事，得以被更多人看見，為這世界帶來更深的信心與心靈自由的可能。

最後，我想感謝那些在我生命藍圖中，無法一一列名卻無比重要的人們。

無論你們扮演親人、朋友、伴侶、學生、愛我的人、教導我的人、看我不爽的人、無私支持我的人、傷害我的人、背刺我的人、噁心我虛偽的人、提供服務給我的人，甚至只是萍水相逢的人，你們的出現，都是受我邀請幫助我面對內在最深處的印記執念，完成今生生命藍圖的主線任務——「帶著覺知選擇，活出自由的覺醒」。

願我們都能帶著深刻的理解與溫柔的勇氣，走在各自的生命主線任務中，如實圓滿、覺醒自由。

無限的愛與感謝，回歸靈性的平安。

陳嘉堡

以下為【附錄】量子轉念引導技術系統課程介紹，請由版權頁除外的最後頁開始，為橫式左翻頁閱讀。

心得十

八個月課程讓我從知識學習走向內在實修。原本逃避與自我安慰的心態，被老師設計的課程逐步打開，看見自己靈魂的渴望。學會傾聽內在，找回力量，相信日常也有奇蹟。老師親身經歷轉化為教材，篇篇皆有溫度。這趟旅程如人飲水冷暖自知，唯有親身體驗，才能真切體會它的美與深刻。

心得十一

歷經八個月，終於完成自己設定的訓練目標！過程中老師們的用心與支持深深感動我。即便遭遇挫折，也在同學的勉勵中堅持下去。學會觀照起心動念，讓生活變得更踏實安穩。感謝老師、同學、家人的陪伴與鼓勵，也謝謝當初願意踏入這場深具價值的修煉旅程的自己。這份學習是無價的禮物。

心得十二

從素材到藝術品，這趟八個月的旅程見證了自己的蛻變。老師們傾盡所能、毫無保留地手把手指導，為的只是我們能越來越好。這套課程直達靈魂深處，難能可貴。嘉堡老師用自身生命經驗作教材，讓每一課都充滿溫度與力量。感謝所有陪伴的老師與同學，讓我在這條心靈轉化之路上更堅定前行。

心得五

訓練班就像一場心靈解剖課，老師帶領我們解剖書籍、電影角色、作業與演練技術，層層剖析，讓我對轉念技術有更深理解。最震撼的是老師親自示範，引導每一個細節，實戰與理論結合，極具啟發與震撼！

心得六

剛開始參加訓練班時一片茫然，只能鼓起勇氣練習。老師如願手把手教導，讓我突破羞澀，逐漸進入狀況。學會定位、五感操作與人格扮演，更懂如何避免冷場。引導中與個案同步領悟，心中泛起喜悅。量子轉念不是解決問題，而是隨心流重返內在時空，自然產生洞見，如金手指直指明月。感謝老師們的全力投入與同學的互助，我們真的很幸福！

心得七

今天老師的指導讓我更理解量子轉念技術。原以為「靈體」是可怕的，實則與我們無異，處理的是想法而非驅離。每個個案提及的內容，都是心中重要的印記，都該按步釋放才能順利進入角色轉換。深刻體會到生死告白的必要性，也更明白練習的細節與節奏。感謝所有協助我練習的老師與同學，讓我逐步成長與熟練。

心得八

感謝嘉堡老師親自示範「出生前計畫與預觀未來」，深受震撼。過往相信命定，不曾想過能主動翻轉命運。這堂課徹底顛覆我舊有觀念，讓我明白預觀未來的力量，眼界大開。老師的引導如流水線般精準，讓我深刻感受到技術之高明。非常感恩能參與這場精彩示範，也更加篤定自己在正確的覺醒道路上。

心得九

八個月的學習，讓我走出混亂與貧困印記的生命，轉念之路深刻改變我。親身被老師引導回溯子宮期和平靜片刻，與出生前計畫中主動選擇父母的震撼畫面，讓我徹底釋懷並懂得感恩。課程引領我找回工作與生活的掌控感，也真正體悟「意識創造實相」的威力。訓練班每一課都深具價值，讓我與家人一起走向平安幸福。

第六單元｜核心引導步驟三 + 移情印記轉念法

核心學習內容：探索與轉化依附關係中的情感投射印記。

第七單元｜核心引導步驟三 + 重現自我療癒轉念法

核心學習內容：引導自我穿越舊印記、重構靈魂自我感。

第八單元｜量子轉念核心引導步驟整合實作

核心學習內容：全面整合訓練成果，進行完整案例模擬與結訓驗收。

學員心得

心得一

感謝嘉堡老師與林雨曇老師帶領的八單元訓練班，每一堂課都超值豐富，讓我深刻感受這真是一場生命的寶藏旅程。課程內容紮實、技術實用，是我目前上過最有價值的訓練課。量子轉念訓練班，是我做過最明智的選擇！

心得二

我學過各種宗教與身心靈課程，但量子轉念是最核心、最實在的技術。老師的引導簡潔到位，讓我從錯誤信念中豁然開朗。這是一場無可取代的成長之旅，需親自練習、實踐、切磋，才能真正轉化並累積實力。

心得三

過去參加許多心靈課都無法真正看見印記，但量子轉念技術有完整的系統與步驟，讓我們深入事件背後，修正扭曲認知。這門技術不只是聽課，更是跳入生命深處練習與驗證，真實幫助人轉化痛苦、提升意識。

心得四

三階課後再進階訓練班，才真正體會穿越印記的深度與難度。轉化不是表層處理，而是赤裸面對、突破防衛機制。這不只是技術修練，更是生命實相的探索。在這身心靈產業充斥快速解法之時，量子轉念引導技術帶來真正的覺醒與清明，是這門技術特別精湛之處。

【五】 量子轉念引導技術系統｜訓練班課程大綱

（八天六十四課時，分八個月完成）

限完成《量子轉念引導技術系統．第三階課程》者方可報名。

適合參加本訓練班的心態與願景：

- 想成為扎實掌握「量子轉念引導技術」的核心精髓與運用方法，能夠洞見意識創造實相、親眼見證轉念奇蹟的學員。
- 有志於參加量子轉念引導師檢定考核，未來成為一位合格、有自律意識與謙卑成長態度的專業轉念引導師。
- 具備以上雙重意圖者，將更能深度整合所學，走在量子轉念引導的職志之路上。

八大單元課程內容與進度

第一單元｜核心引導步驟三 + 創傷情緒印記轉化

核心學習內容：包含複述轉化法，導師實作演示、操作觀摩與指導。

第二單元｜核心引導步驟三 + 罪疚印記穿越 + 第一類寬恕轉念法

核心學習內容：聚焦罪疚頻率下的印記轉化流程。

第三單元｜核心引導步驟三 + 第二類寬恕罪疚轉念法

核心學習內容：進階探討罪疚結構中的深層轉化法。

第四單元｜核心引導步驟三 + 生死告白道別法

核心學習內容：面對死亡與遺憾的潛意識印記穿越。

第五單元｜核心引導步驟三 + 多維人格或墮胎流產轉念法

核心學習內容：處理潛意識人格碎片或未竟關係印記。

心得九

課程結構緊密、內容深刻，讓我體悟到自己與宇宙間的緊密連結，時間的意義也更加清楚。嘉堡老師用科學與量子理論佐證，讓我充滿喜悅與信心。

心得十

這次三階課程透過實際操練，幫助我更明白技術精髓。老師戳破我們對學習的盲點，擴展運用層次，真心感謝嘉堡老師與時俱進的教學用心。

心得十一

這次三階課程幫助我更理解無形眾生與三維空間的關聯，讓我看見印記如何影響人生。生命其實可以自在，只要我們學會轉念與覺察。

心得十二

感恩嘉堡老師創立的量子轉念引導技術，幫助我拓展人生的視野與維度，走向豐盛精彩的人生。這份教導，是我生命中最珍貴的禮物之一。

學員心得

心得一

嘉堡老師的智慧如光照亮心靈視野，讓我對生命更有希望與感激。這份成長與啟發對我來說無比珍貴，衷心感謝老師的引導與付出。

心得二

每個出現在生命中的人事物都不是偶然，而是靈魂設計好的課題。課程讓我學會懺悔與感恩，擴展心靈視野，勇敢面對無常，活出愛與光，影響他人走向富足與自由。

心得三

在人海中遇見嘉堡老師，是生命的祝福。六天的三階課程讓我深刻體會何謂生命本質，感謝老師的耐心教導，讓我對未來充滿信心與力量。

心得四

從二〇一三年學習至今，量子轉念引導技術徹底改變了我的人生。每次複課都讓我突破盲點、提升自我，重新學會愛與分享，感謝嘉堡老師十多年來無私的教導與陪伴。

心得五

在老師的帶領下，我明白了提升心性的可貴。這些技術與知識真正幫助我面對生活、信任自己、連結內在。謝謝嘉堡老師不遺餘力的教導。

心得六

今年初學量子轉念，已鬆動一些潛意識的印記、知覺變得清明。老師用真誠傳授，兼顧靈性與生活、道與術。若想理解宇宙與內心，這門課能讓人豁然開朗。

心得七

雖然身體疲累，卻精神飽滿。課程深入靈魂意識與多維宇宙的轉化原理，打開我對各維度的感知與理解，讓我進入前所未有的靈性視野。

心得八

這次複課感受完全不同，彷彿身心靈都被洗滌，內在變得更加清淨與安穩。每一次的學習都是回到本源的旅程，感謝老師無私的指導。

第二十四課｜生命的全息圖：解讀靈魂藍圖與流年設計

- 「出生前計畫解讀法」步驟實作講解
- 解讀「靈魂計畫」的潛意識指引與課題的轉念步驟
- 「生命流年全息藍圖解讀法」步驟實作講解
- 結合量子觀點掌握個人流年週期，重建命運主權，活出覺知人生的轉念步驟

第二十五課｜宇宙豐盛意識法則：開啟內在創造力的源泉

- 破解顯化迷思：從吸引力法則到真實創造力的轉化
- 認清當代靈性顯化潮流中的迷藏與陷阱，轉向真正與宇宙源頭共振的創造模式
- 喚醒聖哲智慧：與宇宙共創的隱形法則
- 探索古代聖者、先知、開悟者所領悟並實修的宇宙顯化真理

第二十六課｜傾聽力：打開關係流動的宇宙密碼

- 掌握「溝通交流週期」：三維世界中的能量循環規律
- 學習人際溝通的能量迴路如何影響關係中的連結與斷裂
- 溝通黃金三角法則：穿越誤解與心防的轉化秘訣
- 三大傾聽面向：真誠聆聽、鏡像接納、同理回應，讓溝通成為覺醒的神聖通道
- 透過「接軌技術」進入他人內在世界，促成深層關係與真誠連結

第二十七課｜覺醒者的內在特質：穿越幻象，看見真我

- 八種覺醒人格特質：與宇宙意識共振的心靈法則
- 學習八種高頻人格特質，喚醒內在的鑽石智慧，為自己與他人種下轉化的種子
- 十週覺察實修：提供十種具體、可操作的日常自我修煉法，協助學員培養分辨力與洞察力，深化內在力量
- 鍛鍊意識的自覺性與轉念即時力，進入意識揚升的穩定軌道

- 「量子造夢法」與「穿越夢境轉念法」步驟實作講解
- 學會輸入現實議題進入夢境以獲取潛意識訊息
- 運用夢境作為內在導航，提升決策、靈感與創造力

第二十一課｜連結高維智慧場：辨識真假靈性訊息

- 重新定義靈魂與通靈
- 深入解析靈魂、亡靈、神靈、附體等現象背後的量子觀點
- 建立辨識真假訊息的靈性辨識力
- 「多維人格錯亂轉念法」步驟實作講解
- 處理外靈意識干擾的轉念引導步驟
- 高維訊息連結實作
- 體驗與高頻智慧場連線的量子轉念引導技術
- 遠離靈性誤區與心靈詐騙，回歸純粹連結與覺知

第二十二課｜平行人生：解開依附與痴愛的能量枷鎖

- 移情印記與關係輪迴解構
- 辨識因情感投射所形成的自我犧牲與痛苦模式
- 「移情印記轉念法」步驟實作講解
- 精準定位移情關係事件與核心信念
- 運用鏡像法則進行依附關係的深度解構與重塑的轉念引導步驟

第二十三課｜心物鏡像世界：掌握量子創造的關鍵法則

- 微觀與宏觀的意識連動
- 深入理解物質現象作為內在意識的投影機制
- 體驗「心念即實相」的實證技術
- 「心物鏡像轉念法」步驟實作講解
- 運用內在微觀意識與粒子振動的觀察與轉念步驟，來影響並創造外在實相

- 精準判斷深層印記轉念的槓桿核心
- 面對無法寬恕的情境時，如何有效引導轉念的步驟

第十七課｜折翼小天使：轉念墮胎與流產的心靈印記

- 墮胎與流產的內在信念解析
- 解構常見自責、恐懼、嬰靈信仰與情緒投射迷思
- 深層探索未被生下的靈魂訊息與轉化的必要性
- 「墮胎流產轉念法」步驟實作講解
- 重新面對過去情境，穿越創傷與愧疚
- 運用量子糾纏與嬰兒靈魂意識連結，完成對話與告別的轉念引導步驟

第十八課｜身心療癒密碼：疾病背後的潛意識語言

- 破解疾病與靈性誤解
- 挑戰「傳統疾病＝靈性業障」的信念陷阱
- 探索經數千位實證個案整合出的情緒信念與疾病關聯圖譜
- 解碼身體的潛意識語言
- 學會解讀細胞、器官與情緒波動的連動訊息
- 建立不依賴書本、可操作性的身心語言覺察系統

第十九課｜重現自我療癒：轉化疾病為覺醒的契機

- 「重現自我療癒轉念引導法」步驟實作講解
- 從疾病表象回溯三大印記激活的生活事件
- 運用鏡像原理解讀潛藏信念，重建平安覺知的身心狀態
- 將疾病轉化為靈性覺醒與轉念引導步驟

第二十課｜夢與潛意識的投射：解夢、造夢與轉夢技術

- 夢境符號語言解讀
- 結合量子轉念觀點，解讀夢境符號對應表
- 辨識清明夢、前世夢與預知夢的運作原理

【四】量子轉念引導技術系統｜第三階課程大綱

（六天四十八課時）

限完成《量子轉念引導技術系統．第二階課程》者方可報名。

第十四課｜擴展意識的寬度：解構與轉化社會人格

- 人格扮演分析法
- 掌握分析自我依附關係與人格面向的結構性技巧
- 辨識所繼承的潛在人格特質與形成根源，進行釐清與轉化
- 理解支持成就的社會人格行為特徵
- 辨識潛藏破壞力的反社會人格程式
- 「人格扮演換位法」步驟實作講解
- 運用量子糾纏與同頻共振原理，與自然界元素與不同維度意識（動物、星體、靈魂等）產生深度連結，開啟多重意識間的對話實作的步驟

第十五課｜穿越罪疚，看見愛的本質

- 罪疚印記與自我懲罰模式解構
- 探索「罪疚三部曲」在潛意識中的運作與人生投射
- 解析深層罪疚的內在程式與轉化路徑
- 「穿越罪疚轉化法」步驟實作講解
- 區辨「有意識愧疚」與「無意識罪惡感」兩類罪疚事件
- 找出轉化關鍵的槓桿點
- 結合「寬恕罪疚轉念法」的進階步驟應用，終結內在懲罰與業力循環

第十六課｜愛的黃絲帶：從假性寬恕走向真實釋放

- 辨識假性寬恕的心理陷阱
- 理解源於償還與自責的冒牌寬恕
- 移除受害者角色的自我認同模式
- 「寬恕罪疚轉念法」步驟實作講解
- 區分「寬恕自己」與「寬恕他人」的轉念引導步驟

對人生挑戰。

心得六

課程讓我深感嘉堡老師的謙遜與用心，對創始的引導技術由衷敬佩。在處理「死亡」這個核心生命議題上，有了全新理解與突破。兩天課程收穫豐富，感謝老師全然的付出，請您多保重，誠摯感恩。

心得七

這次一次完成一階與二階複課，對潛意識印記有更深體悟。原來印記被激活的當下不必恐懼，而是我們平常未真正面對。引導過程需練習「無預設立場」的專業態度。時間非線性觀點讓我眼界大開，感謝老師的教導與無私分享。

心得八

現在終於懂了，沒有人喜歡被說服。「量子轉念引導技術」的獨特性在於：不強迫、不預設、不評論，透過引導讓當事人自己看見實相，找回靈魂碎片，自然轉化信念。每次複課都有新體悟，感謝老師用全息智慧帶我們看見真相。

心得九

課程帶我重新面對生死課題，透過舉例與實作讓我深入觀照內在未曾碰觸的問題。「量子轉念引導技術」真需帶著空杯心態來學習，才有機會穿越盲點。感謝嘉堡老師這兩天的細膩引導，讓我再次突破，深深感謝。

心得十

今天上午的教學太重要了！老師釐清了潛意識印記與記憶、植入與觸發的差異，讓我恍然大悟。之前雖認真學，卻一直搞不懂核心問題，感恩老師以嚴謹耐心引導我們看清本質，堅定我持續學習「量子轉念引導技術」的信心。

心得十一

複課那晚腦中浮現一段旋律，想將這次課程感動譜成歌，雖來源無法考證，但旋律溫暖。謝謝老師如心靈的陪伴，讓我越來越勇敢。在這寒冷的冬夜，願我們彼此緊緊相擁，用心靈溫暖這個世界。

3. 找出各前世輪迴中，真正具轉念力量的槓桿前世事件之引導技巧。

4. 運用鏡像原理反轉「前世心靈印記」中的核心錯覺，覺醒靈魂智慧，重拾生命掌控權。

學員心得

心得一

透過二階課程更深理解引導技術的精髓——不是干涉他人，而是讓當事人自己穿越盲點轉化創傷。課程也提醒我們避免以自我觀點植入他人新創傷，並訓練「不判別心」。此次課程雖面對身體干擾，但在老師點醒下選擇堅持，獲得突破與覺醒。感恩老師持續優化技術內容，讓這門課程成為真正治標治本的引導工具。

心得二

課程實作深入且接地，不需冥想或靈修便能轉化潛意識印記。透過技巧看見前世與母胎印記的關聯，並順利處理長期卡住的死亡恐懼與罪疚感。技術本身不強求原諒、放下，而是在轉化後自然產生療癒。嘉堡老師真誠、不浮誇，技巧清晰，讓人實際經驗到「量子場域中的真實療癒」。

心得三

上完二階後，彷彿洞見宇宙真相，看清人生百態。嘉堡老師的量子轉念引導技術不僅是生命哲理的教導，更是一種能協助人走出困境的智慧工具，像是現代人追求平安與幸福的答案之一，特別在台灣宮廟文化中也顯見大眾的內在渴求。

心得四

再度複課收穫更多，或許是自己開悟了？嘉堡老師的課程融合學術、直覺與大量實證，引導深入、邏輯嚴謹。身為身心靈導師，也自覺應更謙遜學習。結論：非常值得學習的課程，絕對是高度整合的身心靈引導系統。

心得五

感謝有機會聆聽老師親授，珍惜能依循正確觀念修正人生。這次課程讓我首次清楚理解印記如何植入與激活，也明白潛意識印記信念如何影響當下。透過技巧覺察這一切是有脈絡可循的，內在更能安住，也更有能力面

第十一課｜應用技術二：生死告白與道別引導轉念法

掌握面對生命中失去摯愛的情境時，深度釋懷與轉念的方法：

1. 不逃避地直視生離死別的過往片段，學習情緒覺察與釋放技巧。

2. 深度挖掘當下潛藏的創傷印記與罪疚印記，進行轉化。

3. 運用「量子糾纏原理」進行與已故者的靈魂對話，引導對話的流程與步驟。

4. 完成放下與告別，反轉對死亡的恐懼與執著，回歸內在的平靜與愛的流動。

第十二課｜子宮期與前世印記對今生的深遠影響

揭示「原生家庭」與「胎內記憶」、「前世印記」如何深刻影響現世人生劇本：

- 胎兒在子宮期承載的印記情緒訊息，如何潛移默化地影響人生與下一代。
- 前世創傷、移情、罪疚的情感糾葛下，所產生的負面印記認知，如何成為潛意識中的隱性障礙。
- 透過學理與實務結合，引導學員看見超越當下的命運根源。

第十三課｜轉化子宮期與前世印記的應用技術

應用技術三：子宮期心靈印記轉念法

1. 運用核心五步驟回溯至「子宮期」，找出與現況困境的關聯線索。

2. 深層挖掘「三大負面心靈印記」與核心錯覺信念，並學習具體引導轉化方法。

3. 辨識子宮期中關鍵的轉念槓桿點，啟動潛意識深層轉念力。

4. 透過鏡像原理反轉核心信念，喚醒內在智慧，回歸自由與平靜。

應用技術四：前世心靈印記轉念法

1. 以核心五步驟引導回溯至「前世時間點」，釐清與今生事件的信念能量連結。

2. 深層挖掘「三大負面心靈印記」與核心錯覺信念，並學習具體引導轉化方法。

【三】量子轉念引導技術系統｜第二階課程大綱

（二天十六課時）限完成《量子轉念引導技術系統・第一階課程》者方可報名。

第八課｜高維轉念覺醒法：量子轉念引導技術的核心五步驟

結合「量子力學觀點」與「高維度意識轉念」的整合系統，學習量子轉念引導的五大核心步驟：

1. 回溯探索事件中的潛藏在潛意識中的創傷與負面心靈印記，並學習對應的轉化方法。
2. 擷取潛意識生命軸線中的三大負面信念印記，辨識由此形成的錯覺信念模式。
3. 掌握判斷「深度轉念槓桿點」的關鍵技巧，啟動轉化動能。
4. 運用鏡像原理逆轉核心信念，啟動內在智慧，找回自我與解決問題的力量。

第九課｜應用技術一：複述轉化法

學習釋放與轉化「創傷情緒印記」的具體方法，啟動穿越內在創傷情緒機制。

第十課｜靈魂的歸處：死亡與永生的量子視角

探索關於死亡與靈魂的深層提問與啟發：

- 為何人類會恐懼死亡？死亡是否是生命結束或懲罰？
- 靈魂真的存在嗎？是否只是迷信？
- 死後世界的真相與量子觀點的靈魂觀如何解釋？
- 天堂與地獄是否存在？靈魂的去處由誰決定？
- 透過量子力學觀點與靈性智慧結合，引導學員以科學與靈性整合觀點重新看待生與死。

薦給身邊的朋友。

心得八

初次線上參與即收穫豐富。老師細膩引導，讓我明白「真正的和解」是要誠實面對自己與過去。潛意識印記的影響力巨大，而量子轉念用科學方法協助我重掌生命主控權。體驗引導後身心明顯輕鬆，清晰感提升，內心深信：我會越來越好。

心得九

複學一階課程，收穫豐盛。從同學提問中反思自身困惑，感恩老師耐心解答。重新理解「我是誰」不在於批判他人，而是回到自身探索錯誤印記信念的根源。學習預防與釋放潛意識印記的技巧，明白每件小事都是轉化的契機。感謝老師的大愛與君子風範，讓我願意為自己負責，實踐量子轉念。

誠與智慧深深觸動我，謝謝老師用心的教導，讓我走在找回自我、轉化人生的道路上。

心得二

一階課程讓我彷彿成佛！曾在生活中迷惘，找不到方向，直到接觸量子轉念。原來人生課題的重複，是在提醒我回歸愛的本質。時間非線性，每一次轉念都是全新的自我重建。在老師引導下，我找到了明確方向與生命意義，這是靈魂間的共振與相約，滿滿的感謝與感動。

心得三

身為身心靈工作者，課程讓我重新審視深層意識，發現新洞見。老師的教學不僅高維且實用，能落地運用於每個人的生命中。這門課不繞路，直指核心，療癒自己，也更有能力幫助他人，是非常值得深入學習的系統。

心得四

一階課程讓我收穫滿滿，更認識了「我是誰」。課後立即報名二階課程，感謝嘉堡老師和共學的同學們。許多感動無法用言語表達，但能量的轉變與內在的覺醒，是無可否認的事實。

心得五

跟隨老師近十年，見證教材日益精進，也體會老師的全心付出。課程中老師以生命授課，深入淺出，真誠動人，讓我每次複課都深受感動。課堂上的分享與引導，讓我理解量子轉念引導技術的真諦，也希望更多人能接觸這門改變生命的技術。

心得六

課程中老師提醒：無條件的愛常被框架與印記遮蔽。身體印記深植潛意識，如不定時炸彈，而量子轉念幫我看到並轉化它。我學過許多靈性工具，卻一直未能解開生命之苦，直到遇見這堂課，才找到真正有效的答案，讓我更接近自己與使命。

心得七

再度複課一階課程，理解更深。嘉堡老師的教學生動易懂，引導中潛意識印記信念浮現，也實作懺悔練習，收穫巨大。雖然家中有事早退，但內在震盪與領悟真實存在。這是一堂高 CP 值又接地氣的生命必修課，誠摯推

而複製信念、情緒與關係模式。

- 教授斷開親子負向循環的關鍵策略，重建愛與自由的親子能量場。

第五課｜預防扭曲的心靈印記

- 學會四大預防機制，避免自己無意間製造他人潛意識的印記：

  〇創傷情緒印記

  〇移情印記

  〇罪疚印記

  〇掌握阻斷機制：防止自己吸收這些負面印記，建立健康的心靈與能量界限。

第六課｜憶起靈魂藍圖：探索生命前的設計

- 親身體驗「集體量子轉念引導」進入潛意識場域，開啟靈魂記憶之門：

  〇為何選擇來到地球？

  〇為何選擇此生父母與家庭？

  〇此生的生命功課與靈魂約定為何？

  〇如何回歸當初設定的靈魂使命與計畫？

第七課｜穿越時間線：意識與平行宇宙的奧祕

- 以量子物理觀點，解碼意識如何超越時間與空間的限制。
- 深入剖析意識如何被困在過去、現在與未來的時間線中形成輪迴。
- 學習意識的量子跳躍技巧，從三維的限制中脫身，進入五維的視角重新選擇自己豐盛、平安版本的生命故事。

學員心得

心得一

上完一階課程，彷彿找到了生命的答案。陳嘉堡老師的引導讓我看見了自己的使命，也讓我明白「我是誰」的重要性。唯有認回自己，愛才能流動。每次複課都有新領悟，對宇宙法則與生命實相的理解日漸清晰。老師的真

【二】量子轉念引導技術系統｜第一階課程大綱

（二天十六課時）

第一課｜我到底是誰？

- 揭開「創造的源起」與「我是誰」之間的神聖連結，理解靈魂五大課題的奧秘。
- 探索量子科學如何證實「意識創造實相」、「信念轉化」的真實力量。
- 建構全新觀點：以量子視角重新定義「身心靈」、「情緒」、「能量」與「意識」的互動法則。
- 深入認識「負面情緒印記」如何主導人生劇本，學會擴展意識維度。
- 初探「量子轉念引導技術」的科學觀點與實際應用效益。

第二課｜我如何創造出虛假的自我？

- 解構潛意識中的三大印記模式：
  ○創傷情緒印記
  ○移情印記
  ○罪疚印記
- 理解這些印記如何深植潛意識，並透過身、口、意不自覺地被觸發與重演。
- 提升自我覺察，辨識內在限制信念與行為模式的根源。

第三課｜停止內在爭戰，走向自我和解

- 喚回「宇宙原廠設定的完美法則」，踏上回歸自性的整合之路。
- 超越儀式依賴，掌握真正「消除業力」的量子轉念關鍵。
- 運用高頻能量語言「自我接納祈禱文」，喚醒並安定內在能量場。

第四課｜擁抱赤子之心，重新愛上自己

- 探討胎內潛意識印記的形成與其對一生的深遠影響。
- 結合量子觀點與實例解析：孩子如何承接父母的潛意識負面印記，進

心得六

過去被其他身心靈課程老師灌輸打嗝是釋放能量的錯誤觀念，導致身體頻繁打嗝。透過林雨曇老師十小時的引導，打嗝頻率減少九成，我學會與身體對話，選擇更好的能量釋放方式。這不只是身體改善，更是一場身心靈的覺醒與整合，謝謝老師溫柔又堅定的陪伴。

心得七

五小時的引導讓我突破長久的昏沉與壓抑，勇敢說出該說的話，坦然面對生命印記與關係課題。我感到前所未有的清明與自由，真正看得起自己，也配得幸福。雨曇老師的技術快、狠、準，幫我解開多年來的困惑，衷心感謝！

【一】 量子轉念引導 × 一對一潛意識印記回溯與轉念

個案心得

心得一

在林雨臺老師專業又智慧的引導下，我深刻覺察小我如何操縱思維，編寫痛苦劇本。老師如火眼金睛，直指問題核心，讓我一次次從迷霧中清醒。雖不如上次震撼，但每一節都播下智慧的種子，讓我開始面對功課、不再逃避。感恩老師六小時的用心陪伴，讓我再次醒來，重新遊戲人間。

心得二

這次十小時的引導中，我看見前世被誤解致死的記憶，而取我命者竟是今世誣陷我的上司。生生世世的誤解與怨恨終於告一段落。我也學會不再對不值得的人投以善意。林雨臺老師的引導帶我更接近內在神聖自己，誠摯推薦每個人都來體驗這份專業與深度。

心得三

透過課程與一對一引導，從迷失與恐懼中找回天賦與方向，翻轉人生。我與妻子收穫事業與家庭的豐盛，也在財富實踐中創造出驚人顯化，甚至承接六十家電信公司的工程。我如今能體會嘉堡老師及雨臺老師一路上用心的辛苦，我願回饋更多年輕人。

心得四

差點被朋友情感綁架投資一千二百萬，透過一對一引導釐清我內在動機，聽從內在智慧改變決定，才發現朋友竟是詐騙犯！我投入的新項目反而吸引天使投資人支持。量子轉念引導真的太強大，幫我避開風險、創造奇蹟，生活品質全面提升，感恩林雨臺老師的引導。

心得五

我曾是沒自信、容易迷失與不安的人，因量子轉念引導找回內在的力量。從靈性小白到深入前世今生，理解人性的動機與親密關係的潛意識，學會愛自己、理解他人。事業與家庭越來越幸福豐盛，衷心感謝這場改變命運的引導旅程。

【附錄】量子轉念引導技術系統課程介紹

量子轉念的效應 4

穿越前世印記輪迴，開啟靈魂覺醒新維度

作　　　者　陳嘉堡
責 任 編 輯　賴妤榛

版　　　權　吳亭儀、江欣瑜
行 銷 業 務　周佑潔、林詩富、吳淑華、吳藝佳
總　編　輯　徐藍萍
總　經　理　賈俊國
事業群總經理　黃淑貞
發　行　人　何飛鵬
法 律 顧 問　元禾法律事務所　王子文律師
出　　　版　商周出版　115 台北市南港區昆陽街 16 號 4 樓
電話：(02) 25007008　傳真：(02)25007579
E-mail：ct-bwp@cite.com.tw　Blog：http://bwp25007008.pixnet.net/blog
發　　　行　英屬蓋曼群島商家庭傳媒股份有限公司城邦分公司
115 台北市南港區昆陽街 16 號 8 樓
書虫客服服務專線：02-25007718　02-25007719
24 小時傳真服務：02-25001990　02-25001991
服務時間：週一至週五 9:30-12:00　13:30-17:00
劃撥帳號：19863813　戶名：書虫股份有限公司
讀者服務信箱 E-mail：service@readingclub.com.tw
香 港 發 行 所　城邦（香港）出版集團有限公司
香港九龍土瓜灣土瓜灣道 86 號順聯工業大廈 6 樓 A 室
E-mail: hkcite@biznetvigator.com　電話：(852)25086231　傳真：(852)25789337
馬 新 發 行 所　城邦（馬新）出版集團 Cite (M) Sdn Bhd
41, Jalan Radin Anum, Bandar Baru Sri Petaling, 57000 Kuala Lumpur, Malaysia.
Tel: (603) 90563833　Fax: (603) 90576622　Email: services@cite.my

封 面 設 計　李東記
印　　　刷　卡樂彩色製版印刷有限公司
總　經　銷　聯合發行股份有限公司　新北市 231 新店區寶橋路 235 巷 6 弄 6 號 2 樓
電話：(02) 2917-8022　傳真：(02) 2911-0053

■2025 年 8 月 28 日初版　　Printed in Taiwan

定價 420 元

城邦讀書花園
www.cite.com.tw

線上回函卡

ISBN 978-626-390-632-7

國家圖書館出版品預行編目 (CIP) 資料

量子轉念的效應 4：穿越前世印記輪迴，開啟靈魂覺醒新維度 / 陳嘉堡著 . -- 初版 . -- 臺北市：商周出版：英屬蓋曼群島商家庭傳媒股份有限公司城邦分公司發行, 2025.9
面；　公分
ISBN 978-626-390-632-7(平裝)

1.CST: 靈修

192.1　　114010391